平凡社新書
968

働くあなたの経営学

経営理論を武器にする

佐々木圭吾
SASAKI KEIGO

HEIBONSHA

働くあなたの経営学●目次

はじめに

皆さんの誰もが、学校を卒業して社会に出てから何年か経たのちに、理想と現実のギャップに悩んだり、仕事に行き詰まったりしたことがあると思います。そんな毎日を送りつつ、不透明感が増す社会の中でもう一度学び直したい、仕事をする上でのヒントを得たいと考えているのではないでしょうか。

私たち社会人はみな組織の中で働いています。従業員が何千何万人もいる大企業かもしれませんし、数名から数十名の中小企業かもしれません。あるいはフリーランスとして活躍されている方も、一見すると組織に属していないように思われますが、仕事関係者との組織ネットワークの中で、日々多くの人と仕事に関わっているはずです。大きな視点で捉えれば、それもある意味で組織の中で働いていると言えるでしょう。

組織で働くということは、組織がもつ大きな目的を達成するために、私たちはその一翼を担っていることを意味します。組織の中では専門性や地域性、あるいは職位を基準とした分業がなされています。分業化された個々の仕事が結びつけられて企業などの組織体の成果になるのです。

こういった意味で、組織とは分業と調整のメカニズムと考えられます。分業と調整を通じて、個々人の働きが組織の成果になって、一人ではなしえない大きな範囲や高いレベルの仕事ができるのです。そして、その成果が今日の社会の維持や発展を支えているのです。私たちは会社という組織の一員として、組織から言いわたされた役割を果たすことで、社会と結びついているのです。

日本の経済社会が発展するとともに、大企業を中心に組織における業務の仕組みもまた巨大化し、かつ洗練されてきました。

発展した通信ネットワーク網は、膨大な量の情報を組織の隅々にまで行き届かせ、目の前のPC端末で自動的な業務処理を行うシステムが、簡単に活用できるようになりました。私たちは、そのシステムの中で、どのような技術が用いられ、どのような処理が行われているのかは知らないけれども、とにかく必要な情報を引き出して、業務上必要とされる情報を入力すればいいわけです。仕事の不可視性（手ごろさ）がどんどん高くなっているわけです。

しかし一方で、このような状況はシステムの不具合などが生じた場合、大きな混乱を引き起こしてしまいます。不具合を修復するのはもちろん、緊急措置として人手で代替することも難しくなっています。

というのも、私たちの多くが自動化やシステム化される以前の仕事の仕組みを経験していないからです。

自動化されシステム化されてから会社に入った多くの人々は、仕事の全体像や自分のポジションを理解できないままに、目の前の業務に勤しむことになります。自分の仕事が組織全体の中でどのような機能や役割をもっているのか、そもそも誰の何のためにこの業務をしなければならないのか――。組織と仕事の全貌がつかめないまま日々忙しく働く中で、業務や仕事の意味や意義を理解することが難しくなっているのです。

そこで私たちに必要なのが経営学です。経営学は、企業の経営活動を対象に企業行動の原理や経営管理（マネジメント）のメカニズムの解明と、より良い経営活動を導き出すための社会科学の一分野です。

ざっくばらんに表現すれば、景気や社会情勢にかかわらず会社がつぶれないように工夫し、職場で生き生きと働くにはどうすればよいのか、という問いへの解答を探究するのが経営学なのです。

では、経営学を学ぶと、どのような良いことがあるのでしょうか。経営者の方にとっては、経営戦略論が直接的で、実践的なメリットをもつことは即座に想定できます。人事部門で働く人にとっての労務管理論や、営業部門で働く人にとってのマーケティング論なども、技術的な意味があることはすぐに思い浮かびます。しかし、経営学を学ぶことは、決して、そうした特定の専門分野の技術的な知識の獲得だけを目指しているのではありません。

私も短い期間でしたが、企業で働いた経験があります。その後、研究者として改めて経営学を学ぶ中で、技術的ではない経営学の意義や大切さを実感しました。

第一は、一段高い視点から自分の仕事を捉えることで、自分の仕事に意味を見出すことができることです。経営学は、自分の立場を超えた高い視点を与えてくれます。会社の中では、全社的なレベルでの戦略や組織を見る目をもつことで、自分がおかれた立場や仕事の意味を俯瞰できるようになります。さらに一歩進んで、世界や日本という社会における、産業や企業の機能を知ることで、自分の仕事の意味を理解できるようになるのです。自分が仕事を通じて世界と結びついている、社会の発展のために役に立っているという感覚を醸成してくれるはずです。これこそが、その人にとっての働くことの意味なのではないでしょうか。

第二は、世の中の現実（リアリティ）を正しく捉えることができることです。人間が集まって働く集団や組織では、既成観念や偏見が必然的に醸成されます。日々の仕事や経験の積み重ねは、一方で多くの知識を学習することにつながりますが、他方で決まりきった常識的なものごとの見方や考え方を固定化させてしまいます。自分が正しくものごとを見ていることを疑う人は少ないでしょう。しかしながら、どんな人も実は自分なりの眼鏡をかけて、世の中やものごとを見ているのです。

経営学を学ぶということは、理論的に構築された、客観的なものごとの見方をするための眼鏡を手に入れることです。経営学の理論的な眼鏡を通じて、偏見に惑わされない、より良い意思決定ができるようになるのです。

第三は、経営学を学ぶことが、主体的で積極的な姿勢をつくり出すことです。経営学は企業の行動や組織の現象を、その中にいる人間の主体的な意思決定の結果と捉える視点にあります。

他の多くの学問では、ある行動や変化が生じた理由を環境とその人のおかれた状況に求めます。しかし経営学では、行動や変化を起こした主体（企業）内部の意思決定によるものだと考えるのです。同じ経営環境下にあっても、伸びる企業もあれば、つぶれてしまう会社もあります。その差は企業に内在する主体的な意思決定の差なのです。

このような考え方を身につけることは、不思議と自分の考えや行動をも変化させます。経営学は、私たち一人ひとりに主体的で積極的な思考や行動をもたらすのです。ただし、本書では最先端の超難解で専門的な経営理論を解説するつもりはありません。皆さんの会社の仕組み、仕事や働くことの意味を知る手がかりとして、最も基礎的な理論や概念（アイディア）を紹介したいと思います。

日本経済が右肩上がりのトレンドで、とにかく体を動かせという時代はとうの昔に終わりました。現代はイノベーションの時代です。規模の大小にかかわらず、組織は自己変革力をもたなければなりません。そのためには企業組織、そしてマネジメントの本質的な特徴を理解し、仕事や働くことの意味を自分なりにつくり出さなければならないのです。

本書は、月刊『理念と経営』（コスモ教育出版）での六回にわたる連載（二〇一九年五月号から十月号）をもとに、大幅に加筆・修正し再構成し直して新たにつくりました。その構成の特徴は、各章が「対話編」と「解説編」に分かれていることです。

対話編では、東京都内で建設資材を製造・販売する、中小企業で働く入社三年目の営業マンA君が、筆者である私の研究室を訪ねて、仕事上の悩みや疑問を相談するという設定での会話のやりとりを書いています。もちろんA君は架空の人物ですが、私がビジネススクールに勤務していた時代に、実際に持ちかけられた相談や編集者との経営学に関する話題が元になっています。

解説編は、その対話編を補佐するべく、経営学の理論や概念を紹介する内容になっています。筆者としては直接的な経営理論の解説ではなく、そうした理論の出てきた背景や現実のマネジメントへの適用にあたっての考慮すべき点もできるだけ加えて、わかりやすく記述しました。

本書を通じて、あなたなりの仕事や働くことの意味を見出して、今後の職業人生の糧としていただければ幸いです。

第1章

働き方改革

もっとワクワクして働くには？

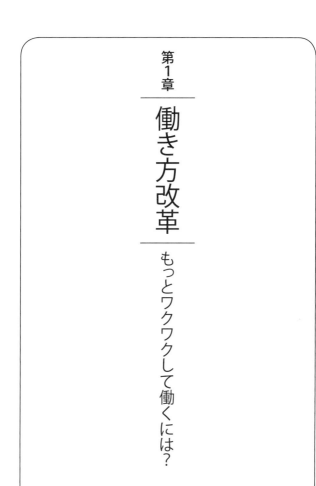

■対話編

僕（A君）は、私立大学の経営学部を卒業した。いまは、都内で建設資材を製造・販売する中小企業で働く入社三年目の営業マンだ。仕事にはだいぶ慣れた。でも、目の前の仕事を懸命にこなしているだけのような気もする。せっかく学んだ経営学を仕事に活かしたいとは思うものの、どうすればいいかわからない。

そんな時、大学の先輩の結婚式で、佐々木圭吾教授に出会った。先輩が通っていたビジネススクールの先生だったという。二次会で先生と意気投合した僕は、後日、先生の研究室を訪ねた。

「大学で学んだ知識を活かせ」と言われても……

佐々木教授（以下、教授）おっ、A君。久しぶりだね。

A君　ご無沙汰しています。

教授　元気にしてた？

A君　けっこう仕事が忙しくて……。

教授　忙しいのはいいことじゃないの？

A君　それはそうなんですが……。最近、うちの会社、業績が悪いんです。この前も先輩から「おまえ、経営学部だったよな。それを仕事でも活かせないのか」なんて言われて。これって皮肉ですよね。

教授　いや、正直な助言じゃないの。実は僕も同じ経験があるんだ。大学を卒業して電機メーカーに勤めていたときに、南米のある国に赴任したんだ。そこでの初めての会議だった。僕は一言も話さず、ずっと議事録を取っていたんだよ。それが一番若い自分の仕事だろうと思ってね。

だけど、会議の後に支社長から、「なんで黙っていたんだ。大学で勉強してきたマーケティングなどの知識を活用して発言しないと、君がいる意味がないじゃないか」と大目玉をくらってね。

A君　へえ、そんなことがあったんですか。でも、経営学は実践で役立ちますか？

教授　もちろんだよ。経営学ってすごく面白い学問なんだ。たとえば、あるものがAという状態からBという状態に変化したとしよう。物理学や化学といった自然科学や、社会学や経済学などの社会科学の学問では、そのものを取りまくまわりの環境に原因を求めることが多いんだけど、経営学はそのもの自体の中に変わった理由を求めるんだ。

人間関係を深めるだけで受注量は増えるのか

教授　簡単に言えば、会社の変化を外部環境に求めるだけではなく、その会社の経営者や従業員の意思決定の問題として見るんだよ。

A君　先生の本にも、「経営学は正しい意思決定をするための学問だ」ということが書いてありましたね。

教授　半分当たっているけど、経営学は意思決定の仕方を教える「ノウハウ集」ではないんだ。たとえば、同じような厳しい経営環境のもとでも、伸びる会社もあればつぶれる会社もある。経営学は、ある現象が起こったり、何かが変化したり差異が生じた原因を、外的な環境や社会状況にではなく、むしろその外的環境でさえも主体的に構成しようとするような、変化した対象そのものの意思決定の差に求める学問なんだよ。だから、経営学を身につけている人は、考え方の癖として、ものごとがうまく運ばなくても「よそ（他人）」や世の中のせいにはしない。主体的で積極的な姿勢を身につけているはずなんだ。

A君　なるほど。ところで、僕の担当している取引先で、ある一社の受注量がここ数カ月減り続けているんです。なんとか挽回するように先輩からもうるさく言われるんですが、原因がわからなくて。先輩は、取引先ともっと人間関係を深めろ、なんて言います。

教授　ま、それも大切だけどね。

A君　はい。でも、それだけでいいのかなって思ってしまって……。たとえば、それを挽回する手立てなんかもわかるものでしょうか。

教授　そうだなあ……。じゃあ、A、B、Cという会社があって、いつもは一〇〇個ずつ買ってくれていたのに、B社だけが七〇個に減ったとしようか。その時に、単純に担当者の怠慢のせいにして、従来通りの、いわゆる「買ってください絶叫型」営業を強化してもしようがないよね。こういう時にこそ、マーケティング論の基本、たとえばマーケティング・ミックスの4Pに立ち返って、製品、価格、プロモーション、流通経路のどこに問題があるのかを冷静に調査して分析すべきなんだ。ひょっとしたら、B社のビジネスモデル自体が変化してたなんてことに気づくかもしれない。

A君 なるほど。受注が減った理由を客観的に探っていくわけですね。

教授 そう。当たり前のことなんだけど、なかなかそれをやらない。4Pなんかすごく簡単なマーケティングのフレームだよね。ある意味では、経営学は「ビジネスの世界において正しくものごとを見るツール集」と言えるかもしれないね。

「他人事の経営学」から「自分事の経営学」へ

教授 僕たちは、知らず知らず「偏見という眼鏡」をかけているんだよ。思い込み、と言ってもいい。自分はものごとを正しく見ていると思っているかもしれないけど、どんな人も実は自分なりの眼鏡をかけて見ているんだ。経営学を学ぶということは、ものごとを正しく見る眼鏡を手に入れるということだとも言えると思う。それは、より良い意思決定をする上でも役に立つことだよね。

A君　なんだか、また、勉強したくなってきました。

教授　それは、いいことだ。ぜひ、勉強してよ。きっと仕事に役立つから。

もっと言えば、A君が経営学を学び直し、その知識を仕事で活用するようになる、つまり正しい目をもつようになれば、会社全体をよくすることだってできるんだよ。

A君　会社も変えられるんですか。

教授　上司は自分のした意思決定が正しかったのか、正しくなかったのかを、部下の反応を見て反省するところがあるんだ。これを「鏡像化」と言うんだけど。

A君　部下の姿を鏡にして、自分の姿を直すわけですね。

教授　そう。A君が正しい眼鏡で意思決定をするようになれば、上司の話を唯々諾々と聞いているだけではなく、時に自分の意見を言うようになる。すると上司のほうも、自分の意思決定の仕方を変えるようになる。そういう、いい連鎖が生まれるんだ。

A君　なんか、経営学は〝生きている学問〟という感じですね。

教授　おっ、いいこと言うね。会社に入ったばかりの若手社員は、まずは先輩や上司の意思決定や行動から、現実に有効な知識を学び取ろうとするはずだよね。理論を振り回すだけでは「他人事」のようで意味はないけれども、現実や経験に謙虚になりすぎて精神論に終始しても意味がないよね。特に若い社員がもつべき心がけは、経営理論を現実とかけ離れた、宙に浮いたものではない「自分事」と自覚することではないかな。

A君　自分事ですか……。

教授　こうした理論を基盤にして、先輩や上司の意思決定や行動を見れば、その意味や狙いをより深く学習できて、次の自分の行動につながる実践的な知識を得られることになるはずだよ。経営理論は、経験からも学ぶべき若い社員にこそ大切な「自分事」なんだ。

A君　たとえば、働き方改革も自分に引き寄せて考えることもできますか？

教授　もちろんだよ。

A君　仕上げなければならない仕事が溜まっているのに、残業はしてはいけないなんて……。時短と生産性アップは両立するんだろうか。いったい誰のための働き方改革なんだって、ずっとモヤモヤしてたんです。でも、コロナ禍になってオンラインでの在宅勤務は嬉しかったですけど……。

教授　よし、まずは働き方改革、もっと言えば働くとはどういうことなのか。そこから考えていこうか。

A君　はい。よろしくお願いします。

■解説編

新たな仕事観と新しい働き方

私たちの働き方が大きく変わろうとしています。変革を迫る直接的な契機は、政策によるものと世界的災禍によるものです。いわゆる、働き方改革と新型コロナウイルス感染症です。

前者は、その言葉の登場以前からも労・使・学・官の多方面から必要性が訴えられてきました。具体的には二〇一五年ぐらいから、厚生労働省を中心に議論されてきた政策です。二〇一八年に働き方改革法案が公布され、二〇一九年に大企業を対象に、その後、中小企業にも適用されました。

時間外労働への法的制限、高度プロフェッショナル制度、最低年に五日の有休取得の義務化など、改正された法律を遵守することが、すなわち企業における最低限の働き方改革への取り組みとなったのです。しかしながら、法律で示されたのはいわば最低限の狭義の働き方改革でした。本来の（広義の）働き方改革とは、日本人のライフスタイルや労働観などの意識・考え方、そして働き方そのものの改革を意味するものだったはずです。

ニュースなどでは、労働時間の短縮のみが注目されたような印象も受けますが、先進的な企業では、二〇一〇年代に入ってから広い意味での働き方改革への取り組みを進めていて、労働時間の短縮だけではなく、在宅勤務や従業員の心身両面の健康を重視する経営のあり方に優れた事例も報告されています。

さらに、二〇二〇年代に入って多くの企業に否応なしに働き方改革を迫ったのはコロナ禍でした。働き方というよりも、企業経営のあり方そのものを考えさせるような大きな影響を与えています。いまでも、多くの人が在宅勤務を行っています。すでに通信量からすれば、自宅にもオフィス並みのネットワークが広がっていて、クラウドのシステムやサーバーを活用すれば、意外にそこそこの仕事が自宅で行えることがわかったのです。つまり、それまでは常識であった電車に揺られて職場に向かい、夜に帰宅するという通勤生活が大きく変わろうとしているのです。

ドラッカーの予言

こうした変化は、この一〇年間に徐々に広まり、直接的にはコロナ禍が産業界全体の働き方改革を加速させたものだったのでした。とは言え、まったくの想定外の出来事ではなかったのです。世界的に著名な経営学者のピーター・ドラッカーは、一九八〇年代の終わりに著した本の中で、私たちの働き方が大きく変わることを予言して、次のように書いています。

……一九七〇年代および八〇年代の不動産ブームや高層ビルの建設ラッシュは、大都市の成功を示すものではなかった。衰退の始まりを示すにすぎなかった。衰退の速度は速くはないかもしれない。しかし、われわれはもはやあの偉大であるかに見えた大都市を必要としない。少なくとも現在の形態と機能では必要としない。

おそらく都市は、仕事の場ではなく情報のセンターとなる。ニュースやデータや音楽の発信基地になる。（中略）明日の大学もまた、学生が通う場所ではなく、情報を伝送する知識センターとなる。

この仕事の場の変化が仕事の方法を変える。仕事の内容を変える。こうして情報技術が社会を変える。ただし、それがいつ、いかに行なわれるかはまだわからない。（P・F・ドラッカー（2004）『［新訳］新しい現実』上田惇生訳、ダイヤモンド社）

一九世紀における鉄道などの交通手段のイノベーションが、二〇世紀の大都市をつくりました。それまでは移動に一日かかるような距離を一、二時間に短縮する、電車やバスや自動車といった交通イノベーションの恩恵に授かって、大量の人々が仕事の待つ職場へ移動しました。

そうやって、ニューヨークや東京などのメガシティーが誕生したわけです。しかし、未来学者とも称されたドラッカーの目には、高層ビルの建設は、大都市が機能する限界点に達して、衰退していく兆候と映ったのでしょう。

では、なぜ仕事を多くの人が集まる職場で行うのでしょうか。職場には何があるのか。工場だったり、お店だったり、交通や物流の拠点であったりすれば、職場に集まって作業をするのは当然です。でも巨大な都市のオフィスに通う理由は何なのでしょうか。

そうした職場にあるものは「情報」です。職場には情報があるから、そして情報が集まるから、都心のオフィスに満員電車に揺られて毎日通うのです。営業マンにとっては、顧客も都心にいるでしょうし、職場の上司や同僚からのアドバイスも得られます。管理者にとっては、部下の言動自体が情報です。サボっていないか、不平不満を抱いていないか等のモニタリングも容易になります。また様々な会議やミーティングも重要な情報源です。多くの人が同じビルにいることは大変助かることなのです。

ドラッカーの慧眼に感心させられるのは、「情報技術が社会を変える。ただし、それがいつ、いかに行なわれるかはまだわからない」という最後の文章です。情報の伝達などの技術的な側面からすれば、条件はすでに整っている。けれども、みんなで職場に集まって仕事をするという働き方の常識・習慣やそれを推進・支援する様々な制度や機能は、それぞれが粘着性をもってくっつき合い、頑強な一枚岩のシステムになっています。その岩を破壊する力が、情報技術の進展による利便性が臨界点を超えるからもたらされるのか、それに加えて何らかの偶然の出来事によるのか、それはわからないとドラッカーは言っているのだと思います。

帆船効果（sailing ship effect）という言葉をご存じでしょうか。新しい技術やシステムが登場しても、その新技術に対抗するために、しばらくは従来の技術やシステムの革新が進む現象を指します。そもそもは、内燃機関を動力に用いるという新技術を搭載した船の登場が、従来当たり前だった帆船の技術革新を促進させ、改良に改良を重ねて、百年近くも内燃機関に対抗し続けたということから名づけられました。

帆船効果は働き方にも現れるでしょう。情報ネットワークを活用して仕事が従業員に届くシステムに対抗する形で、通勤して職場で仕事をするシステムは、たとえば通勤ラッシュの緩和やオフィス環境のさらなる高度情報化などの面で改良に改良を重ねるはずです。

しかし私たちは、帆船効果に振り回されることなく、新しい働き方変革の大きな流れを捉えていく必要があります。

イノベーション業務

働き方とともに仕事そのものも変質しています。具体的には、単純にマニュアルにしたがった定型的な業務から、新しい製品を企画・開発したり、従来の方法を改めて、より効率的で効果的な手法をつくり出すイノベーション業務への移行です。

おそらく、皆さんの仕事の出来映えを決めるおもな要素は、提案や改善などの活動を含めたイノベーション業務にあるのではないでしょうか。

イノベーションとは、技術革新と説明されることもありますが、科学的、あるいは工学的な技術だけを対象にしているのではありません。接客や電話対応も立派な技術です。そうした広い意味での技術、製品・サービス、またはビジネスシステムの発明や開発によって、人々の生活や行動に変化をもたらすような価値を創造・実現する行為を指します。

イノベーションを推進する業務は、他の業務に比べて異なる特徴をいくつかもっています。ここでは、革新を必要としない業務と比べた場合の、仕事の質に関わる二つのイノベーション業務の特徴に注目したいと思います。

第一は、そのプロセスの主要な核となる部分が知的労働によって構成される、知識創造活動です。組織的な知識創造の基本理論をつくった野中郁次郎一橋大学名誉教授によれば、人間が暗黙的に感じた思いやひらめきを言葉に表し、形あるモノやシステムに結実させていくことが知識創造活動だと述べています。イノベーション業務は、単にモノを移動するような肉体労働ではありません。ひらめきやアイディアをひねり出し、実現していく仕事です。

第二は、高い不確実性を伴う活動です。極端に言えば、それまで世の中になかったものをつくり出すわけですから、考案したものが現実的に製造することができるのか、製造できたとしてどれだけ売れるのか、現場で本当に使ってもらえるのかなど、過去のデータから推論しただけでは、正確な予測などできないことが多いようです。要するに、どうすれば解が得られるのかがわからない難しさに加えて、そもそも何が解なのかがわからない、という非常に高い不確実性を抱えて仕事を進めていかなければならないわけです。

二つの特徴をまとめると、日常業務と比べてイノベーションは、非常に高い不確実性に直面する知識創造活動という特徴をもつのです。こうした特徴が、私たちに新しい働き方と新しいマネジメントのあり方を要請していると考えられます。

イノベーション人材

では、私たちはいかにしてイノベーションを生み出す人材になればいいのでしょうか。また新しい働き方で、どのようなことに心がければいいのでしょうか。

まず、イノベーションが知識活動であるという特徴から考察したいと思います。ドラッカーは、知識労働の生産性を上げるための要件に、①仕事の目的を考える、②働く人自身が生産性向上の責任を負う、強い自己管理と自律性、③継続的イノベーション、④継続的学習と教育、⑤質的生産性の理解、⑥資本財としての知識労働者、の六つを指摘しています（P・F・ドラッカー(1999)『明日を支配するもの』上田惇生訳、ダイヤモンド社）。

この中で、①から④は働く人自体が意識すべきことです。それに注目して知識創造の観点からまとめると、イノベーションを生み出す人材は、自発的・自律的に仕事を立ち上げ、目標の達成に邁進していく主体性をもった、継続したイノベーションと学習・教育を怠らない者ということになるでしょう。

次に、高い不確実性への対応を可能にする人材とは、かなり未確定な情報しかない状況の中で、最善と思われる策をスピーディーに決断できる人材ということになります。ここで経営者同様に養成される能力は、ベストではないもののベターな選択肢に賭ける勇気と言えるでしょう。

つまり、高い不確実性の状況下で結果を出そうとする心構えや根性、度量と言っていいかもしれません。イノベーションという高い不確実性に直面する活動においてこそ、精神的なタフさをもった人材が要請されるのです。

まとめると、イノベーションを生み出す人材とは、高い不確実性にも動じず、勇気をもって、自発的かつ自律的に仕事を立ち上げ、進めていく人材ということになるのでしょう。

イノベーション人材になるためには、理論と経験の両方が必要になります。すでに述べた通り、経営理論は業界における常識や既成観念を取り払い、産業や顧客、そして事業を動かす組織に現実（リアリティ）をもたらします。理論によってもたらされる新しい現実の理解は、イノベーションの必要性や方向性への確信をもたらすはずです。こうした確信こそがイノベーションを推進する原動力になるのです。

しかし多くの仕事がそうであるように、イノベーション業務も経験によって身につけられるものです。イノベーションを推進する人材は、自分の所属するチームや先輩が自発的にテーマを立ち上げ、イノベーションを成し遂げていく過程に主体的に参加して、積極的に貢献する経験から育つのではないでしょうか。

すなわち、イノベーションのＯＪＴ（On-the-Job Training）によって育てられるのです。イノベーション活動に貢献する行動や経験の積み重ねが、あなたをイノベーション人材へと育てていくことでしょう。

第2章

戦略論①

不確実な時代にこそ「戦略」が大切だ

■対話編

ある日の全体会議の席上でのこと。社長から「各部署でSWOT（スウォット）分析をして、自社の強みや弱みを発見しよう」という提案があった。確かSWOT分析は、「強みや弱みの要因分析をして、経営資源の最適活用を図る経営戦略方法」だったような……。社長によると、その最終目的は部署ごとに新しい戦略を決めることだという。

でも、いまは先の読めない不確実な時代。今日の強みが明日には弱みになっていることだってある。それでも戦略を立てる意味ってあるのかな……。

こんなにも変化が激しい時代なのに、戦略を立てる意味はある?

A君　こんな先の読めない時代に、経営戦略なんて立てられるのかなって思うんですよね。先生、戦略を立てることって、本当に意味があるのでしょうか?

教授　A君は、ビル・ゲイツは知っているよね。

A君　マイクロソフトの創業者ですよね。

教授　そう。そのビル・ゲイツが、こんなことを言っているんだ。「マイクロソフトは永遠だ。ただし、私たちの業界で永遠とは五年のことさ」って。たしかに、IT業界に限らず現代のように目まぐるしく変わる世の中では、単に長期的な戦略を決めるだけでは、それに意味があるのかと思いたくなるよね。でも、人間は未来を予測できないけど、戦略を立てることは大切なんだ。

Ａ君　どんなふうに大切なんですか？

教授　まずは全社の各部門やサプライヤー（仕入先）などの足並みが揃うということ。事業は多くの人や会社を巻き込むよね。しかも今日のビジネスではその範囲は広がる一方だ。わが社はこっちのほうに行く、こんな製品をつくっていく、あるいは売っていくということを、戦略として用意していないと足並みは揃わない。これは社会の変化が目まぐるしくなるほど必要なんだ。

Ａ君　なるほど。足並みが揃わないと変化のスピードについていけませんね。

教授　そうなんだよ。次に、戦略は外れることもある、ということ。

Ａ君　そうなんです！　そこなんですよね。

教授　でも、外れていいんだ。

A君　えっ!?　どうしてですか。

教授　狙いを絞って矢を射る、つまり戦略を立てて矢を射れば、その狙いが「当たった」のか「外れた」のかがよくわかる。外れたら修正すればいいんだよ。だけどやみくもに矢を射っているだけでは、どれが的に当たったかどうかわからない。これだと軌道修正もできないよね。戦略があるからこそ、軌道修正もできるんだ。

A君　戦略は、外れたときにも意味があるんですね。

教授　最後は、戦略そのものより、戦略を立てるという行為やそのプロセスに意味がある、ということ。

A君　戦略を考えることに、ですか？

教授　そう。榊原清則先生（慶應義塾大学名誉教授）は、戦略を立てることを、「日ごろ考えていないことを考えること」と話していたね。つまり、戦略を立てるためには、日常の業務から離れた情報を探ったり、頭の使い方も変えたりしなければならなくなる。さらに、日常業務とは異なる情報の流れや他部署の人との出会いがあるはずだよね。そこから生まれる新しい価値や知識に意味があるということなんだ。

「営業」は二つの仕事を兼ねた日本特有の職種!?

教授　A君たちは、新しい営業戦略づくりを何から始めようとしているの？

A君　部長は、社長が言うようにまずSWOT分析をきちんとやろうと言ってます。

教授　ああ、SWOT分析ね。

A君　はい。Strengths（強み）、Weaknesses（弱み）、Opportunities（機会）、Threats（脅威）の頭文字を取った戦略策定のためのフレームワークです。自社の強み・弱みと環境の機会（チャンス）・脅威の組み合わせを考慮して、市場と製品・サービスのセットである事業を選択することで戦略を策定することのようです。

教授　そうだね。でも、あくまでもSWOTは戦略を立てるための準備段階にすぎないから、それを忘れないことだよ。分析したことで戦略を立てたと思ってしまうケースが多いんだ。

A君　そうなんですね。気をつけます。

教授　ところで、営業というのは日本でのみ一般的に認識されている職種だということを知っているかな。

A君　へえ、それは知らないです。

教授　日本企業の営業職の英文名刺には、「マーケティング&セールス」と書かれていることが多いけど、本来は、マーケティングとセールスは違う職種なんだよ。マーケティングは、市場にどういう潜在的な事業のチャンスがあるのか、それを実現するためには何をすればいいのか、というような、リサーチからM&Aまで抜本的なことを考えるのが仕事だよね。セールスは、その戦略の下で実際に売っていく仕事のことなんだ。この二つは別々の仕事なのに、外資系企業や一部の産業を除くと、なぜか日本では「営業」として一つになっていることが多い。

A君　僕たち営業は、その二つの役割を果たすように期待されているわけですね。

教授　そうなんだ。営業戦略と言ったときの難しさも、そこにあるんだよ。営業はその両方をやるんだということを考えると、営業戦略というのはマーケティング戦略と販売戦略の二つをつくるということになるわけだ。

Ａ君　なかなか骨ですね。どこに潜在的市場があって、何をつくって、それをどう売っていくかまで考える、ということですね。

教授　その通り。いまのように、多くの人が欲しいものはすでにもっているというような社会でも、必ずお客さんが喜ぶ商品はある。まだ見えない市場も含めたお客さんを中心に置いて、何を欲しがっているのかを考えていくことが、経営戦略を立てることになるんだ。あくまでもビジネスの基本は「顧客起点」なんだよ。

Ａ君　いまの「ビジネスの基本は顧客起点」というのも、前におっしゃっていた「正しい眼鏡」の一つということですよね。

教授　はい。その通りです。

「理念」と「顧客起点」で戦略を自分の仕事とつなげる

Ａ君　先生のお話を聞いていると、営業でつくる戦略は、会社の先行きを決めていくことにもつながる感じですね。

教授　営業はマーケティングも兼ねる、いわば事業をつくる仕事だからね。その意味で、A君も新しい経営戦略を策定するプロジェクトリーダーになったつもりで取り組んでみるといいよ。

A君　それは荷が重たいですよ。

教授　実際にリーダーになりなさいとは言ってないよ。そういう気持ちで取り組むといいという意味だよ。戦略づくりに携わることは、とても大きな学びになることだからね。

A君　それは、僕にもわかる気がします。

教授　あと忘れてはいけないのは、会社のビジョンや、その根っこにある理念だね。

A君　理念、ですか。

教授　いくら新しい戦略といっても、戦略という限り、全社一丸となって足並みを揃えていかなければならないわけだ。そういう意味では会社のビジョンや理念を理解していないとつくれないよね。

A君　理念から考えて、自分の会社が取り組むべきことかどうかを見極めることが大事なんですね。

教授　そうなんだ。さらに言えば、お客さん起点でより大きな視野で自分の仕事を見直すことができるといった経験は、A君の将来にとってもプラスになると思うよ。真面目に戦略づくりに取り組めば、いまの仕事がもっと自分のものとして捉えられるようになるはずだよ。

A君　なんだかやる気が出てきました。

■解説編

経営戦略の時代

経営戦略は、多くの人にとって自分とはさほど関係のない偉い人たちの問題のように感じられるでしょう。

経営戦略のようなものが私たちの目の前に現れてくるのは、年度の始めや終わりに社長から発表される経営方針だと思います。「付加価値の高いサービス化を推進していく」とか「国際化によって売上倍増を目標にする」とか言われても、雲の上の話のようなものでしょう。多くの人は、目の前の数値を達成することや業務をつつがなく進めることだけが、関心事になっているのかもしれません。

もちろん、目の前の仕事に集中して取り組むことは大事なことですし、現場は言われた通りに何も考えずに実行しろという風土の会社もあるでしょう。しかし、盲目的に会社方針に従うだけでは、仕事を意欲的に進めることはできません。

「今度の経営方針がいかなる事情・背景で策定されたのか」

「それがうまく進む、とする論理はいかなるものか」

「とすると成否の鍵はどこにあるのか」……

日々の業務に闇雲に取り組むよりも、こうした問いへの解をもった上で目の前の業務を進めるほうが、仕事に対して真剣に楽しく向き合うことができるはずです。

と言うのも、(第4章で詳しく述べますが)人間は主体性をもつ存在で、自分の意思決定や行動に意味や意義を求めるからです。

経営戦略とは

経営戦略とは、社会や世の中の流れや市場・顧客や競争状況を考慮するとともに、自社としてのあるべき姿を明確にし、実現のためのシナリオや作戦を策定し、その達成を目指して長期にわたって貫徹・持続させる指針や行動規範のことです。

経営戦略という言葉自体は、一九六〇年代に生み出されました。

かなり大胆に説明すると、それ以前は、たとえば電力などのエネルギーや自動車、家電製品、電話など、多くの人が欲しがっていた製品やサービスの普及率は、とても低かったのです。その理由の一つは、それらの製品をみんなの手の届くような安価な価格で提供することが難しかったからです。

したがって、そうした事業機会を活かすべく、大量生産や大量販売のための設備や機械や販売体制を設け、効率的な事業体制を構築することが企業経営の主要な克服すべき課題でした。

このような事情から、経営の関心は効率的な企業運営でした。生産工程での品質管理やＩＥ（インダストリアル・エンジニアリング）の手法、営業も含めた全社的な経営管理（マネジメント）の手法で各社しのぎを削っていたわけです。

そうした企業や従業員の努力の結果（もちろん他の要因もありますが）、日本は先進国の仲間入りをし、経済が大いに発達し、多くの人々は物質的な豊かさを実現し、実感できるようになりました。電気・電話は日本中に行きわたり、自動車やテレビやエアコンも一般家庭にまで普及しました。それどころか工業製品が街中にあふれて、いわゆる「物余りの時代」になったわけです。黙っていては、製品やサービスは売れない時代がきたのです。

社会的に求められる製品やサービスが、かなり明確でそれらを効率よく市場に提供するマネジメントよりも、「そもそも何をつくるか」「どういった事業を行うか」を考えることがより重要になってきました。そこで脚光を浴びたのが経営戦略という概念だったわけです。

経営戦略の三つの特徴

経営戦略と、それまで経営のおもな関心事であった経営管理と（あえてステレオタイプに）比較すると、経営戦略には、「what 思考」、「知性（intelligence）」、「未来・長期志向」という三つの特徴があります。

第一の「what 思考」とは、これまで述べたように、何をするのかを考えるということです。どうオペレーションをうまく運営するのかといった「how 思考」ではありません。会社を倒産させないために、そもそもいかなる事業を営むのか、また事業プロセスの中で何を自社で担当し、どこの部分を他社に任せるのかを考えることです。

優れた経営の基本は「正しいことを正しく行うこと」です。この文章には、「正しいことを行う（doing the right things）」ことと「ものごとを正しく行う（doing things right）」ことの二つの意味が含まれています。ここで「正しい」とは「的を射た」とか「道理にかなった」という意味ですが、競争戦略論の大家であるマイケル・ポーターは、戦略とは「正しいことを行うこと」に関わる概念だと強調します。「ものごとを正しく行うこと」は戦略ではなく業務（operation）の問題です。要するに、経営戦略論の基本思想とも言うべき前提条件の一つは、的を射ていないことをいくらきちんと行っても、企業の収益や成長は望めないということです。

第二は「知性（intelligence）」です。知性とはものごとを論理的に考え、判断する能力のことです。ここで言う知性は二つの意味をもちます。

一つは、偶然や成り行き任せではないということです。自然界では、超長期的な生存競争が行われていますが、行動している個々の動物にとっては、いわば成り行き任せの状態と言って差し支えないでしょう。偶然と確率の世界というわけです。

しかし、企業間で展開される生存競争は成り行き任せではないはずです。経営者をはじめとして個々の企業のメンバーが、市場や競合相手の動向を分析し、自社の取り得る資源を駆使して、たとえば四半期ごとの成果に結びつけようとしています。すなわち、もてる知力を振り絞って、一定の期間内で意図的に望む世界を実現しようとするもの同士のバトルが、戦略的競争です。

もう一つの知性の意味は、どのような知識や知恵でいかなるシナリオや作戦を考えるかということです。もちろん、より高収益で高成長を実現できる施策を考えようとするに決まっていますが、この際に重要なことは、自分の考えていることは、たいがい他人も考えているということです。すなわち知性を考慮することは、自分が偶然や勘ではなく論理的に考えるという意味に加えて、自分と同じように知性をもった相手とのやりとりを考えることです。

そこで大事なのは、競合相手と同じ土俵で力任せの押し出し合戦を行うのではなく、知略を尽くして他者（社）との違いをつくり出すことで、自分が理想とする状況を構築しようとする行為こそが経営戦略だということです。

同じ市場に、似たような商品を提供している会社でも、多機能で高級な製品を出す会社もあれば、基本的な品質を低価格で提供する会社もあるでしょう。あるいは、低価格から高価格まですべての価格帯に製品を提供する会社もあるでしょう。同じような商品で真っ向から戦うのではなく、悲惨な価格競争を回避して相手との違いによって売上と利益を上げていこうとしているのです。

このように書くと、周囲の企業と仲良く利益を分け合うことを勧めているように感じるかもしれませんが、むしろ経営戦略の狙いの一つは、自社の領域について相手に自分が手強いことを意識させることと言ってもいいでしょう。

孫子の兵法は、戦略の目的を「戦わずして勝つこと」と述べています。具体的には、競合相手を協調的態度に変えることを意味します。

ここでいう協調的態度とは、仲良くということだけではなく、相手が自分との正面衝突を回避するような態度を取るということです。相手をびびらせると言っては語弊がありそうですが、自社の領域やポジションが確固たるものであることを相手に意識させることが重要なのです。

しかし、こうした自社にとっての好都合な状況は一朝一夕に成し遂げられるわけではありません。それゆえ、第三の経営戦略の「未来・長期志向」が必要となってくるのです。戦略が未来や将来を見据えて、長期にわたって貫徹・持続させるべき大きな指針であることを意味します。

競合相手や顧客の動向を予測するだけでなく、たとえば、株主などの出資者や部品や材料を供給する会社の思惑を計算に入れなくてはいけません。経営幹部になれば、何よりも新しい経営戦略について、部下や従業員はどう感じるかも気になるところでしょう。

しかし周囲の相手に振り回されても、資源が分散され注意も散漫になって右往左往するだけです。自社としてはこうなりたい、こうした世界をつくりたいという、未来を見わたす長期的な指針としての、大きな目標やビジョンが必要になるのです。

なぜ、経営戦略が必要なのか

未来・長期志向の指針やビジョンとしての経営戦略が大事だということを述べてきました。しかし、「こんな不確実な時代に長期的な指針など役に立つのか？」といった声を時々耳にします。

現代は、ＶＵＣＡと称されるきわめて不確実性の高い時代（ＶＵＣＡとは、Volatility〔不安定性〕、Uncertainty〔不確定性〕、Complexity〔複雑性〕、Ambiguity〔あいまい性〕の頭文字を取った概念）です。ＶＵＣＡの時代には、刻々と変化する経済状況や移ろいやすい消費者に日々、その場その場で対応していくことしかないのではないか、ということなのでしょう。

もし人間が未来を正確に予測できるのであれば、それに合わせて経営計画を立てることには直接的な意味があるように思えます。もちろん全人類が未来を予測する能力をもっていれば、現在の経済社会そのものが根本的に変わるのでしょうが、人間には未来を正確に予測できる能力はありません。経済や社会に関して人間がもつ未来予測の能力はきわめて低いものでしょう。

では、明日のことでさえ予測できない人間が、なぜ長期的な経営方針である経営戦略を立てなければならないのでしょうか。それには三つの理由が考えられます。

第一は、足並みを揃えるためです。企業の経営や事業の運営は、多少なりとも組織的な行為です。一つの製品を開発したり販売したりする際には、たくさんの部署や人が関わります。それは社内にとどまらず関連する会社や組織を巻き込みます。そうしたステークホルダー（利害関係者）との協働があってこそ、企業経営がスムーズに進むのです。

さらに生産・販売しようとする製品・サービスが複雑化すれば、開発期間も長くなります。場合によっては、まだ完成していない部品を組み込む必要性が出てくるかもしれません。その際に事業や製品展開の方向性やスケジュール（予定表）のようなものがないと、事業に関わる部署や人々の足並みが揃いません。したがって戦略という大まかなガイドラインが必要になるのです。

第二は、的を絞っていないと外れたことにも気づかないからです。きちんと計画を立てているからこそ、計画通りにいっていないことを認識できるということです。外れていることを認識できれば、資源投入の方向性や行動を変更することができます。何の狙いもなしに、求められるままに事業を展開しても、闇夜に矢を放つようなもので、当たっているのか外れているのかわかりません。

たとえば、カシオの電子辞書は大学生と知的ビジネスマン向けに開発されたようですが、当時は機能が不十分で、そうした人たちにはあまり受け入れられませんでした。しかし、旅行や仕事で日本に来る外国人にとってはとても便利な商品だったので売れました。カシオは戦略をきちんと立てていたが故に、そのことに早く気づき、プロモーションの施策などを変更するなどの対応を迅速に行えたのでした。

今日では、記憶容量や機能が格段に進歩して、中学生から一般家庭にまで行きわたる製品になっていますが、長期にわたる開発を継続できたのも、投資を有効な方向に変えることができたからでしょう。

しっかりとした戦略を立てたが故に、早く的を外したことに気づいたのです。そのことで、早期の対処や施策の修正が可能になります。また新しい事業機会を見出すことにつながるのです。

第三は、戦略をつくるプロセス自体が価値を生み出す可能性があるということです。

日頃の仕事上で、コミュニケーションをしている人について振り返ってみてください。営業であれば、顧客は日々変わるかもしれませんが、会社の従業員が何万人いようとも、社内で打ち合わせる人間は職場の上司・同僚・部下と限られた関連部署の人だけだったりしませんか。産業財（いわゆるB2B）を扱っていたら、顧客もかなり限定されるかもしれません。

組織においては、特に意識をせずとも業務が流れていく「型」がつくられる、すなわちルーティン化によって効率化を図ることになります。型が決まれば、日頃関わるメンバーも固定化されます。気心が知れるようになれば、あうんの呼吸で仕事を進めることが可能になるかもしれません。

では逆に、それまで知らなかった部署やメンバーと仕事の話をすることになるのは、どのような場合でしょうか。多くの方は、自分や相手の転勤や配置転換、品質クレームなど緊急対策チームなどでしょうか。そうした非常事態以外では、新しい技術や製品・サービスの企画や事業化のためのプロジェクトだったりしませんか。

それまでの企業の方向性を問い直したり、新規事業を構想・実現したりするプロセスにおいて、組織の型から外れた新しいメンバーとの出会いや相互作用が生み出されるのです。経営戦略を未来志向的に策定するプロセスは、現業における事業プロセスにはなかった、新しい人と人との出会いや交流を生み出します。

そこでの情報の共有や結合が、新しい価値を生み出すことは少なくありません。たとえば、トヨタのハイブリッド車も、二一世紀のトヨタを考えるというような全社的な戦略プロジェクトでの偶然の出会いが発端である、と言われています。均質化傾向にある組織の型に、異質性や多様性をもち込むことになると言い換えてもいいかもしれません。

逆説的（パラドキシカル）な結論のようですが、人間は未来を予測できないとわかっているのに戦略を考える、というのではなく、未来を予測できないがゆえに戦略を考える必要があるのです。

経営戦略なんて、まだまだ雲の上の人たちが考えることだなんて思っていた人こそ、積極的に自社の経営戦略の意味や意義をじっくり考えると同時に、戦略的な出会いを求めて、その一歩を踏み出してみてはいかがでしょうか。

第3章

戦略論②

自分の戦略をもつ

■対話編

「戦略は矢である」という佐々木先生の話は、よくわかった。先生は、戦略は外れてもいい、と言う。まず、その方向で動き出してみて、つまり矢を射って、それが的に当たったかどうか。当たらなければどれくらい外れたのかを見て修正していけばいい、と言っていた。たしかにその通りだと納得ができた。

なんとか、うちの営業部の営業戦略もできた。SWOT分析も面白かったし、もう少し戦略に関して知りたいとも思った。厚かましいかもしれないけど、できれば競争戦略について具体的に教えてもらおう。

競争戦略とは、自社の競争優位性を確立するための戦い方を決めること

A君　先生、今日は競争戦略の基本について教えてもらいたくて来ました。

教授　それは簡単には話せないテーマだね。

A君　少し質問が大き過ぎましたか？

教授　ハハハ……。ま、大丈夫だよ。競争戦略とは何かと言えば、自社の競争優位

性を確立するためにどう戦うかという戦略のこと。競争戦略の基本を捉える三つの視点を紹介しよう。一つ目は経済学。経済学には完全競争の概念と言われているものがある。

A君　完全競争、ですか。

教授　そう。完全競争っていうのは、理論的には無数の企業と潜在的参入業者が同じような製品を価格というシグナルだけで競争する、つまり価格が最も下がることが社会的に望ましいとされる競争状態のことなんだ。でも、これは個々の企業にとってはとっても辛い状況だよね。企業だけではなく、コストを極限まで下げるとなると、労働市場でも競争が行われて私たちの給料も限りなく下がっていくことになりそうだよね。

A君　限りなく……。

教授　どこまでいくかと言うと、生存賃金まで下がっていく。つまり、極端に言うと、次の日に働くためのエネルギーを摂取できる、ぎりぎりの食糧が買える給料にまで下がっていく。

A君　そんな生活はイヤですよね。

教授　だから、企業は、そうした完全競争に陥らないために日頃から努力しているわけだ。製品にいろんな付加機能をもたせることを考えたり、より売れる場所に店をもったりする。競争戦略論の大御所のマイケル・ポーターは、完全競争の考えを企業の立場から一八〇度回転させたんだ。彼が生み出した理論的な枠組みが「5forces」なんだ。

A君　『競争の戦略』という本を書いた人ですよね。

教授　そう。ポーターの競争戦略は、経済学の裏返しとして発想された経営戦略論と言えるんだ。

他社との違いを出すことで、互いに共存できる環境をつくる

教授　二つ目は、世界的なコンサルティング会社であるボストン・コンサルティング・グループ（BCG）の研究で、BCGの創始者であるヘンダーソンという人物が面白いことを言っているんだ。

ロシアの生態学者であるゲオルギー・ガウゼが提唱した「同種の生態系をもつ生物は共存できない」という競争的排除則を引用して、企業も一緒だと言うわけだ。

A君　なるほど。

教授　だからこそ戦略を考える必要があると言うんだ。現実の生態系を考えても多様な生態系ができれば互いに生物が共存できるように、他社との違いを出すことによってウィンウィン（win-win）の関係をつくり共存共栄を図っていく。それを目指すのが競争戦略だと、ヘンダーソンは言ったんだよ。

そして三つ目は軍事戦略の流れなんだ。A君はランチェスターの法則って聞いたことはあるかな？

A君　ありますよ。大学時代に習いました。うろ覚えですが、兵力は大量投入したほうが勝つというような戦略だったと思います。

教授　その通りだね。ランチェスターの法則などに代表される軍事戦略の流れを汲む競争戦略は、定石的な方針を立てやすい戦略だと言えるんだ。だけど、こうした軍事戦略的な競争戦略を無批判に経営戦略にもってくるのは危険かもしれないね。

そもそもの目的や適用できる範囲をじっくり考慮する必要があると思うよ。

A君　そうなんですね。競争戦略の三つの視点はわかったのですが、結局、競争戦略を考えるときは何を目指せばいいのでしょうか？

教授　ヘンダーソンも、ポーターも言っていることは「differentiation」つまり「差をつける」ということなんだ。他社との違いをつくり出す、すなわち相対的な優位性を構築することが競争戦略のエッセンスと言えると思う。しかも、競争戦略が目指している一つの理想像は、他社との差異を極めることで無競争という状態を実現することなんだ。A君は孫子の兵法を知っているよね。

A君　はい。中国の古典的な軍略書ですよね。

教授　その孫子が目指したのは「戦わずして勝つ」ということだったんだけど、競争戦略の基本も同じ。どうすれば正面衝突して戦わなくても他社に勝てるのか、ということを考えていくことなんだ。

もう少し詳しく説明しよう。「戦わずして勝つ」は孫子の掲げた大きなテーマである「戦略の目的は何か？」に対する回答なんだ。この言葉の意味するところは、競合する相手に協調的態度をとらせるということ。協調的態度に変えることには、相手をびびらせたり、正面衝突したら手強いぞと思わせたりすることも含まれるんだ。そして結果的に自分にとって居心地のいい、または自分が思い描く構想が実現できる状態をつくることにあるんだ。その理想の実現のための基本中の基本が他者と同じことをするんじゃなくて、他の人とは異なる自分の独自性を発揮できるかにあるということなんだろうね。

戦略は、試行錯誤をする中で次第に練り上がってくる

教授　最初の戦略は大したことをしなくていい。それよりも大切なことは、前にも言ったけど、その戦略通りに動く、そして動いた結果をちゃんと報告する。そうしながら戦略に修正を加えていくことなんだよ。

Ａ君　前回の「矢」の喩えですね。

教授　その通り。戦略はそういう試行錯誤をする中で次第次第に練り上がってくるんだ。会社にとって本当に大事なものは、戦略ではなくて、むしろすぐに動けるような企業文化なんだ。
たしかに、いまは戦略ブームで戦略さえつくれば成功するというイメージもあって、成功も失敗もすべて戦略のせいにする傾向があるようだけど、戦略はいくつかあるマネジメント・ツールの一つに過ぎないことを理解しないといけないと思うな。

A君 戦略至上主義はいけないわけですね。

教授 だからといって、自社の戦略をおろそかにしていいということではないんだ。戦略はきちんと理解しなければいけない。現場の最前線にいるA君たちが戦略を理解して動くからこそ、正しいフィードバックができるんだ。そのフィードバックが修正の大きなポイントになっていくわけだからね。

A君 責任重大ですね。先生にそう言われると身が引き締まります。

教授 ネットに載っているような、すでにみんながわかっている情報はもう古い。最前線の現場で起こっているトレンドこそが、戦略を組み立てていく上での一番貴重な情報なんだよ。不確実な時代だけに、A君のような現場の第一線で働く人たちの洞察力や感覚が、以前に増して重要になっているんだ。

A君　ありがとうございます。よくわかりました。

教授　若いうちのある時期までは、あまりいろんなことを考えずにガムシャラに仕事を覚えることが大事なんだよね。戦略を考えるよりも、戦略のもとでいかに動くか。そのとき、なんとなく動いていても何も学べない。やはり自社の戦略を理解し、その意味をわかった上で行動すること。すると、上手くいった、いかなかった、という体験ができる。その上で、思い切って、上司が見逃していたこと、違うなと思ったことを積極的に声に出して言っていく。けっこう勇気がいると思うけど、そういうことが求められるんだよね。

A君　はい。頑張ります！

■解説編

自分の戦略を立てる

前章に続き、企業における戦略について考えていきましょう。

経営戦略の機能や構造、時代の移り変わりが激しい今日こそ、現場で働く人たちにも自社の経営戦略を理解して行動することの大切さを述べてきました。しかし、自社の戦略の意義や意味を深く理解することは簡単なことではありません。経営戦略論の基本的な論理を押さえた上で、自社の置かれた状況や社会からの期待、そしてそれらを捉える経営者の視点や使命感に思いをはせなければなりません。

皆さんの目の前に現れる経営戦略は、大きな経営戦略をそれぞれの部署や現場に沿って落とし込まれたノルマや数値的目標であることが多いはずです。それらノルマや数値的目標にただ闇雲に立ち向かうのではなく、戦略そのもののもつ意味を理解することが、仕事を進める上で非常に大事であることを説明してきました。

戦略的に示された方向や数値目標を実現していくには、自分に与えられた仕事を成し遂げる自分の戦略が必要になります。

もちろん、具体的に仕事を進めるためには、与えられた職務に関係する知識や技能の習得、周囲の協力を得るための良好な人間関係の構築や維持、その上での日々の主体的な取り組みや努力などいろいろと必要でしょう。そうしたことを踏まえてもなお、〝自分の戦略〟を立てて行動することはとても重要なことなのです。

しかし、いきなり自分の戦略と言われても、戦略という言葉が仰々し過ぎて戸惑ってしまう方も多いでしょう。

自分の目標を設定する

ここで私の言いたい〝自分の戦略〟とは、経営戦略のような大げさなものではなく、マネジメント・プロセスの第一歩としての「目標をもつ」ということです。日々の仕事の中で、自ら主体的に目標や計画を立てて、それに従って行動している人はどれぐらいいるでしょうか。

一人ひとりの週ごとの進捗表を見える化することで、全員で目標・計画の設定を当たり前に行わせるような先進的な取り組みをする会社や職場は少なくないと思います。しかし大半の人は、入社当初は会社から言われたドキュメントに目標や行動スケジュールを詳細に記入するような形で計画をつくっていたかもしれませんが、しばらくしてミーティングなどの予定を手帳に記入するだけになってしまっていないでしょうか。

頭の中で「これを今週中に○○さんに伝えなくては」とか、「次の会議までにあれを仕上げなくては」とか、デスクのPCの周りが付箋紙だらけになっていませんか。やらなければならない仕事に振り回されて、それを付箋紙で確認するような状況であれば、その人が目標・計画を立てているとは言えません。

では目標を立てるとは、どのような行為なのでしょうか。

ドラッカーによれば、マネジメントの基本的な仕事として、①目標を設定すること、②組織すること、③チームをつくること（動機づけ、コミュニケーションを図ること）、④評価すること、⑤人材を育成すること、の五つを挙げていますが、その一番に目標を設定することを置いています。

さらにドラッカーは、求められるマネジメントの姿を「自己管理のマネジメント」と述べています。自己管理のマネジメントとは、組織の目標に基づいて自分自身が貢献すべき領域を明らかにし、その領域でいかなる成果を上げるのか、自らの目標を設定し、その目標達成に責任をもつことと説いているのです。

つまり、組織の目標を自らの目標に組み直して、その実現に向けて自分で自分を管理する、ということです。多くの人は、目標は自分の知らないところで決められ、上から降ってくるものだと思っているようですが、与えられた目標やその背後にある経営戦略の意味を把握し、主体的に再構成して理解・納得することが仕事を進める上で重要であることは前章で述べました。

目標を立てて計画していくことは、ただ単に必要に迫られていることを羅列したり、ミーティングなどの調整を行って予定を組んだりすることではありません。ドラッカーの言う「目標を設定すること」とは、「目標をもつべき領域を定め、そのそれぞれについて到達地点を決める。そのために行うべきことを決める」（P・F・ドラッカー（2008）『マネジメント・中』上田惇生訳、ダイヤモンド社）ということです。

このように、ドラッカーの言う「目標を設定すること」は容易いことではありません。どんなことを優先させるのか、到達地点はどこに置けばいいのか、何をすればいいのか……、戸惑うことばかりでしょう。

では、目標を設定するためにはどうすればいいのか。さらに、その目標を実践するにはどのような困難が立ちはだかっているのでしょうか。

事業戦略とは

個人が目標を設定するために意識しなければならないことの第一は、会社の経営戦略との一貫性です。要はぶれずに芯が通っていることです。つまり、会社や自分の所属する部署の策定した経営戦略に、自分の立てる目標も適合（マッチ）していなければなりません。言い換えれば、自分の目標を設定するには会社や部門レベルでの経営戦略を理解できなければなりません。特に大事な指針となるのが、所属する部門や事業部のもつ事業戦略です。

経営戦略には、大きく分けると全社戦略と事業戦略があります。対話編で取り上げた競争戦略は事業戦略に含まれます。

まず前者の全社戦略は、既存事業を売却したり、成長分野の事業を創設したり、タイムリーな事業の再編成によって、既存事業の属する産業の成熟化とともに企業が衰退しないようにするための戦略です。ですから、全社戦略は本社レベルで策定されるということになります。

たとえば、ブラザー工業がミシンから複合機などの情報通信機器へ中核事業を転換させたことや、シャープがホンハイ、中外製薬がロシュなど世界的な企業グループに加わるといった大きな規模での資本構成を変化させるとか、その傘下に入るなどといった会社全体の構造や機能に関わる戦略が全社戦略です。

それに対して事業戦略とは、全社戦略で決められた個々の事業の競争優位性を確立するための戦略です。

たとえば、同じ太陽電池事業でもパナソニックは住宅用に注力し、京セラはメガ発電設備に注力するなど、各社の事業の戦略があるわけです。したがって事業戦略は個々の事業部などのビジネス単位で策定され実施されることになります。

競争優位性を確立するための視点としては、３Ｃというフレームがよく用いられます。３Ｃとは顧客（Customer）、競合（Competitor）、自社（Company）の頭文字を取ったものです。競争優位性を確立するためには、ねらった顧客の望むものを（顧客対応）、できるだけ激烈な価格競争などが発生しないよう（競合対応）、自社資源の展開を工夫（自社資源対応）して行う必要があるということです。

たとえば、カレーのルウで有名なハウス食品グループの「ウコンの力」は、仕事の上での慣習とお酒に対する健康志向の高まりなどを背景に、気軽な健康志向飲料へのニーズ（顧客対応）と、同グループのもつカレーの原材料でもある良質のウコンの供給ネットワークを活用し（自社資源対応）、他社が簡単には模倣・参入しにくい事業を確立させて（競合対応）、事業開発に成功しました。

自分の目標の設定〜「機会×強み×変化」

所属する事業部や営業所の事業戦略は、何を目指し、成功のためのいかなる道筋を想定しているのかを、組織の中での位置づけや役割などを考慮した上で、自分なりに解釈しましょう。そして四半期など、ある一定の間隔で自分の目標をもち、それぞれについて到達地点を定め、そのために行うべきことを決めなければなりません。

では、どういった領域にいかなるベクトル（方向と大きさ）の到達地点を定めるのか。ここでは二つのアドバイスをしたいと思います。

第一のポイントは、自社の得意なこと（他社よりも上手にできそうなこと）に焦点を絞りましょう。第二のポイントは市場や社会、技術の変化に注目しましょうということです。

まず一つ目のポイントについてです。前章の対話編でＳＷＯＴ分析という言葉が出てきました。先にも述べましたが、ＳＷＯＴとはStrengths（強み）、Weaknesses（弱み）、Opportunities（機会）、Threats（脅威）の頭文字を取った戦略策定のためのフレームワークのことです。自社の強み・弱みと外部環境の機会（チャンス）・脅威の組み合わせを考慮して、市場と製品・サービスのセットである事業を選択することで戦略を策定する、ということを示したものです。

ＳＷＯＴ分析に取り組む場合には、「機会×強み」に焦点を当てた領域に集中して分析を行うことをおすすめします。というのも、市場における新たなチャンスを見出す作業は視野の拡大を必要とします。また強みを考えることは、単に自社で「できること」ではなく、「他社より上手にできること」を特定することですから、自社の本質へのより深い探究につながります。したがって、環境における機会（チャンス）と自社の強みを探究することは、前向きで積極的な行動に結びつきやすいのです。

逆に「脅威×弱み」の視点からの目標を設定しようとすると、他社（者）との競争のみが意識されるようになってしまいます。こうした他社（者）との過度な競争意識は少なくとも二つの負の効果をもたらします。

一つは、最も大事な顧客第一の精神を忘却させる原因になるということです。いかにお客様に満足していただけるか、信頼していただけるかということが優先されるべきポイントであって、巧みに他社を押しのける技術は、その後で考えるべきものです。

もう一つは、過度な競争意識が仕事そのものの楽しさを奪う危険性があるということです。勝った、負けたの連続では、勝敗という結果だけを気にするような傾向を生み出して、仕事そのものへの集中を妨げて、自分はやれるぞ、という自己肯定感や仕事への実効感など、人材として成長していく上での大事な感覚を得ることもできません。

第二のポイントは、市場や社会、技術の変化に注目することです。現状の仕事でさえ満足にできていないのに、それに変化が生じてしまうと大変だと考える人は多いと思いますが、変化は多くの人にとって大きなチャンスです。変化を即座に事業の利益に結びつけるのは難しいかもしれません。でも、市場や技術などの面での新しい変化を認知して、自分なりの目標設定の領域やテーマに加えることは、それほど難儀なことではないはずです。

つまり、「機会×強み×変化」の領域で自分なりの目標を設定することが有効だということです。具体的には、現状の「事業戦略の意義・意味」を3Cから捉えた上で、SWOTで言うところの「機会×強み」のセルに当てはまるような領域を選び、そこでの「変化」を考慮した上で、到達地点と実行策の考案を行って、自分なりの目標の設定をするわけです。

目標設定への最大の障害

ここまで事業戦略を理解し、それとの関連の中で目標を設定していくことの重要性やプロセスについて述べてきました。しかし戦略を理解したり、目標をつくったりする上で乗り越えなければならない難所があります。それは、日常業務の負荷です。特に時間的負担と言ってもいいかもしれません。

事業戦略を理解した上で、自分なりの目標を立てることは、日々の仕事に意味を見出すことにおいても、人材として成長していくためにもとても大事なことです。しかし、そうしたことを考えたり、まとめたりする時間は、必ずやらなければならない業務ではありません。

逆に言えば、それは必須の業務ではないけれども、とても大事な作業です。とても大事な作業ではあるけれども、日常業務が優先される中で、後回しにされ、やがて片手間な粗雑な仕事として隅に追いやられてしまう。

このような、重要性は高いけれども緊急性の低い作業や意思決定が、緊急性が高いけれども重要性の低い作業や意思決定に駆逐される現象を「計画（意思決定）のグレシャムの法則」と言います。

計画のグレシャムの法則は、日常業務に振り回されて、本来は大事な戦略策定業務などが疎かにされるという警鐘的な法則です。

日頃の仕事をこなすだけで精一杯の私たちは、事業戦略の理解や目標の設定に充てる時間を、自分で意識的につくるしかありません。それでも、自分なりの目標を設定することには大きな意味があります。自分で目標を設定するという行為は、日々の仕事に取り組む主体的な姿勢を醸成するからです。

第4章

組織論①

いい組織では、1＋1が「3」になる？

■対話編

久しぶりに大学時代の同級生B君と会った。彼は僕と同じ営業職。会社の規模もほぼ一緒で業種も似ている、いわばライバル企業だ。聞けば、B君の会社はこのところ、とても業績がいいらしい。業界全体の景気はそんなにいいとは思わないのだけれど、何か新製品やサービスでも始めたのかな。

B君は、「そうじゃないんだけど。なんて言うかな、会社全体が一つになっている感じがあるんだよね」と言う。〝会社が一つになっている感じ〟って、どういうことなんだろう？

人間にとって働くとは〝人の役に立つ〟ことだった

A君　友人のB君は、いま仕事が楽しいらしく、「会社に一体感がある」と言ってすごく張り切っているんです。ちょっとうらやましい感じがしました。

教授　従業員が楽しくハッピーな気持ちで働いている会社は業績もいい場合が多いよね。

A君　そういう会社だと、みんながやる気を出すからですか？

教授　簡単に言えば、その通り。人間は変わった動物で、一人ではできないことを他の人と協力して成し遂げようとする生き物なんだ。

A君　へぇ、そうなんですか。

教授　かつては、よく人間について「笑う動物だ」とか、「遊ぶ動物だ」とか言われてきたんだけど、いまはチンパンジーなんかも道具は使うし、笑うし、遊ぶ、ということがわかってきて、人間の定義が難しくなってきているんだ。でも、他の動物には絶対にできないことがある。その一つが「交換する」ということだと言われているんだ。

A君　交換、ですか？

教授　そう。交換するとは「助け合う」ということ。これらが組織の根幹なんだ。

A君　人間は、交換する動物であり、助け合う動物……。

教授　何万年も前のことを想像してみよう。数人の小さな集団で暮らしていたとして、そのうちの誰かがとってきた獲物をみんなで分け合ったり、交換し合ったりして日々を過ごしていた。獲物を保存しておくことはできないし、明日もまた自分が獲物をとれるとはかぎらないからね。みんなで助け合っていたわけだ。

獲物をとってくることを働くということの原型とするなら、ずっと長い間、人間にとって働くとは〝人の役に立つ〟という行為だったと言えるんだ。それが私たちのDNAには組み込まれているんだね。

A君 僕たちは、DNAのレベルで、誰かの役に立ちたいと思って生きているということですね。

＊この項目での議論は、NHKスペシャル取材班『ヒューマン なぜヒトは人間になれたのか』（角川文庫、2014）を参考にしています。

ピラミッドを造る人は、実は喜んで働いていた!?

教授 A君も大学で学んだと思うけど、組織の本質を解明しようとした人物にチェスター・バーナードがいるよね。

A君 はい。確か実業家でしたよね。

教授　そう。彼は、個人も組織も同時にハッピーにする経営者の役割を探究しようと、組織について深く考察を続けていったんだ。そのバーナードが、組織とは一人ではできないことを複数の人間が協力し合って実現しようとするときに生じる関係性のことだ、と言っているね。

A君　まさに、互いに助け合うことが組織だということですね。

教授　その通り。つまり、助け合って成果を出す状態が〝組織が機能する〟ということなんだ。バーナードは、そのために必要なことが「共通目的」「協働意志」「コミュニケーション」の三つだと言っている。

A君　「共通目的」は、会社の目的ですよね。

教授　自分の会社は何をするのか、つまり組織の目的だね。理念やビジョンと言ってもいいかな。それがはっきりしていて、みんなが納得し腹落ちしていることが大切なんだ。ドラッカーも、目的・目標こそが組織をつなぐ最も重要なものだと言っているよね。

A君　二つ目の「協働意志」というのは、どんなことなんですか？

教授　仲間と一緒に働いて会社の目的を果たしていこうという気持ちかな。いわばモチベーションとか、やる気と考えてもいいと思う。バーナードは、協働意志の大きさは、組織に提供するものと組織からの見返りの比較によって決まる、なんて、とてもドライな言い方をしているんだよ。

A君　それはよくわかります。会社の目的には心から共感しても、収入が生活できないくらいのレベルなら続きませんからね。

教授　ところで、A君はエジプトのピラミッドはどうやって造られたか知っているかな。

A君　あまり詳しくは……。たくさんの奴隷が働いていたんですよね。

教授　ピラミッドがなぜ、いかに造られたのかについての定説はないんだけど、実はみんな喜んで働いていたという説が唱えられているんだよ。そうした説によると、まずピラミッドを造る職に選ばれること自体が名誉なことだった。給料もけっこうもらえて、石を彫るとか、金属を加工するとか、そうした技術も身につけることができたというんだ。

Ａ君　働く人に利点がたくさんあったからこそ、あんなすごい建造物ができたんですね。

コミュニケーションこそが組織の良しあしを決める

教授　最後の「コミュニケーション」はわかると思うけど、互いの意思疎通だけでなく、指示や報告もきちんと伝えるということも忘れてはいけないんだよ。

Ａ君　はい。その大切さはわかります。

教授　バーナードは、コミュニケーションこそが重要だと訴えているんだ。共通目的、協働意志をもっている個人を結びつけるものがコミュニケーションで、そのあり方が組織を決めるというくらい、コミュニケーションは組織論の最も中心的な位置にあるテーマだと訴えている。

Ａ君　Ｂ君の会社は、バーナードが言う三つの要素がうまく働いているのかもしれないですね。そんな気がしてきました。

教授　たしかに、Ｂ君が組織に一体感があって、楽しく働けているというなら、おそらくそうなんだろうね。なかでも社内、部内のコミュニケーションがうまく取れているんだろうと思う。

A君　僕の会社も決して悪いことはないんですよ。仲間とも普通にコミュニケーションが取れていますし、上司とも時に冗談を言い合いながらも仕事の進捗はシビアに報告していますし……。

教授　十分いい組織だと言えるよ。

A君　ただ、B君の会社ほどは業績が出ていないんです。やはり、どこかに差があるんだと思います。いま、お話を聞いていて、バーナードの言う三つの要素について見直してみようと思いました。

教授　一人でやるの？

A君　まずは自分に、共通目的はきちんともっているか、協働意志はあるか、コミュニケーションはうまく取れているか、と問い直してみようと思います。

教授　見上げた心掛けだね。

A君　いやいや……照れます。いい組織は「1＋1が3にも、4にもなる」と言いますよね。そういう組織になるように、まず自分から始めて、部内でバーナードの三要素について話し合う場をもとうと、みんなに働きかけてみようと思います。

教授　それはすごくいいことだと思う。組織を変えるのも組織なんだよ。その輪が広がるように期待しているよ。

■解説編

組織の時代

入社した際に、多くの人がなんとなく、でもしっかりと感じるのが「組織」だと思います。

職場では、いろいろな人がそれぞれの仕事に勤しんでいます。声を掛けてくれる先輩や、どことなくカリカリしている人もいることでしょう。そこには上長としての課長や部長などがいて、デスクで書類を読んでいたり、誰かを呼びつけて指示を与えたりしています。

ほぼ全員が報告の義務を負い、評価を受けたりする上司をもっており、上司である主任やリーダーの指示に従って仕事を進めていくことになります。さらに通勤手当の申請や健康診断など、仕事以外のことでも、手続きを行う先や書類のフォーマットが定められており、多くの規則に従わなければなりません。

こうした会社や職場の状況は、全体として得体が知れない組織というものの存在を感じさせます。

たしかに、私たちは組織の中で、あるいは組織の一員として働いています。しかしながら、「組織とは何か?」という質問に即座に答えられる人はさほど多くはありません。

組織が厳密に何者であるかはさておき、組織に関する論理の中で、たとえば「企業にとって最も貴重な資産は人、すなわち人材である」という見解や意見に、真っ向から反論する人はほとんどいないと思います。こうした言葉は、企業を成功に導いた多くの経営者や優れた成果を生み出したリーダーからも語られます。

しかしながら今日、ここでいう人材とはエジソンのような天才的発明家を意味するものではありません。むしろたくさんのメンバーを率い、組織を編成し、卓越した業績を生み出していく人材像が想起されるのです。どんな仕事を成し遂げるにも、異分野の、幅広い、多様な知識を総動員することが必要になっているからです。

重要なのは、個人の努力や創意工夫を促進し、新しい製品やサービスの開発などの成果へと結晶化させる組織であり、そのマネジメントなのです。

いくら個人の能力が優れていても、その力を発揮できなければ意味がありません。組織においては優秀な人材はもちろん大事なのですが、最も大切なのは、個々人が自分の能力を遺憾なく発揮できて、それらを企業全体の業績に結びつける組織なのです。

組織研究の創始

面白いことに組織とは何かというテーマは、組織をいかにマネジメントするかよりも、遅れて本格的な探究が進みました。一九世紀後半のアメリカで次々生まれる大規模組織（大企業）は、資本家（経営者）と労働者の深刻な相互不信による対立状況を発生させました。

これを解決しようと、マネジメントの理論が探究され出します。乱暴な比喩で示してみますと、街中に組織という怪獣が出現して暴れ出して人々を苦しめている。こうした危険きわまりない状況で必要なのは、怪獣を倒すことであって、そもそも怪獣とは何ぞや、なぜ出現したのか、などの問題を考える余裕はなかったのです。

喫緊の課題である怪獣退治は、フレデリック・テイラーという人の科学的管理法というマネジメントの武器（あるいは技？）によってなされました。科学的管理法の要諦は、一日で行うべき標準的な作業量を課業（タスク）として設定した上で、それより頑張った人には頑張ったなりに、そうでなかった人には、それなりの賃金を与えるようにしたことです。

つまり、働く場に「フェア（公正）」な世界を実現することだと理解できます。科学的管理法のような取り組みから企業は生産性を上げ、労使問題は次第に解決されるようになっていきました。

テイラーに遅れること四半世紀、二〇世紀の前半に、チェスター・バーナードという人が、組織とは何かという問題に真剣に取り組み、組織の研究を行いました。研究と聞くと学者のイメージですが、彼は大学で教鞭を執る学者ではなく、ニュージャージー・ベル社の社長を務めた実業家でした。彼が掲げた研究テーマは、働く個人も幸せで、企業も利益を生み成長できる組織のあり方、そして経営者のあり方とはどんなものかというものです。

では、バーナードの研究を軸に組織の本質的な特徴を探っていきましょう。

組織とは何か

人間は主体性をもつ存在です。主体性とは『大辞林』（三省堂）によれば、「自分の意志・判断によって、みずから責任をもって行動する態度や性質」となります。人間が主体性をもつということを言い換えれば、ほとんどの人間には自ら何かやりたいことがあるということです。

ただ一人ひとりの力には限界があります。巨大な石を一人で動かすことはできません。ところが、人は一人ではできないことを他人の協力を得て成し遂げようとします。当たり前のように聞こえるかもしれませんが、これが人間のすごいところだと思います。純粋な善意からのものなのか、賃金などの報酬を得るためなのか、事情は様々でしょうが、自分の能力や行動を他人のために提供して、協力して事を成し遂げようとする性質が備わっているのです。

このことは、人類が狩猟生活を行っていた頃からの行動だと思います。生き延びるとか、自衛の手段としてではなく、経済利益を稼ぎ出すなどの特定の目的を設定し、協力する仕組みや方法を意図的に採用する近現代の経営組織においても、助け合うという人間の本質に変わりはありません。

ある目的を達成するために協力し合うことを協働と言いますが、協働する際に生じる特殊な人間の関係性をバーナードは組織と呼びました。つまり、組織とは協働のシステムと言っていいと思います。すなわち、組織とは関係あるいはシステムのことであり、目に見える何かではありません。

しかしながら、日常語られる組織とは、目に見えている会社などを指すことが多いようです。たとえば軍隊や宗教団体、会社や学校など。軍隊と教会と会社はもちろん、会社と言っても、電機会社と製薬会社の人や技術や設備はまったく異なるのですが、それらはすべて組織です。

では、軍隊・教会・学校・会社に共通する「組織」とは何でしょうか。

バーナードは、何か一人ではできないことを複数の人間が協力し合って実現しようとする関係性だけは、これらすべてに共通するというのです。こうした考察から、組織を「意識的に調整された複数の人間の諸活動や諸力の体系」と定義したのです。

協働のシステムとしての組織が生成され、存続させていくためには三つの要素が揃っていなければなりません。バーナードは、あらゆる種類の組織に共通する三つの要素を発見したのです。それらが「共通目的」「協働意志」「コミュニケーション」です。

共通目的を明確にもつ

第一は「共通目的」です。そもそも組織としての明確な目的がなければ、協力し合う行為である協働は生じません。何か目的があって、その実現のために協力が行われますので、組織としての目的である「共通目的」こそが組織が生じる必要不可欠な第一の要因になります。

また、組織として何を目指しているのかが明確でなければ、協力の仕組みや方法も決められません。ある特定の目的があるから、自分たちを取り囲む環境も認識できるのです。

このように、目的なしには環境も認識できないし、ましてや何をどうすればいいのかという手段の選択もできないわけです。

共通目的を明確にもつことが、組織の生成に大事な要素であることは、ここでことさらに訴えなくても、誰にとっても自明のことのように感じます。しかし現実にはかなり厄介な問題なのです。

まず共通目的は、組織の全メンバーに理解・納得されていなければなりません。これも当たり前のことのようですが、たとえば、組織の目的の一つである自部署の今期の戦略をあなたは即座に答えられますか。あなたは答えられるとして、同じ部署の全員から同じ答え、正しい答えが返ってくるでしょうか。

あるいは、みんなが答えられたとして、全員がその戦略や目標としての数値設定に納得しているでしょうか。「売上げ倍増なんて言ってるけど、利益率のほうがいまは大事なんじゃないの？」といった声は聞かれませんか……。

得られる情報や価値観が多様化している今日、みんなが理解し納得する共通目的を設定することは容易なことではありません。

また、共通目的を理解・納得できていて、それを達成しようとみんなが意気込んでいたとしても、目的の理解には、それぞれの立場の違いなどから矛盾が生じやすいものです。

顧客の喜ぶ製品を提供しようという目的には、全員が何の異存もなかったとしても、技術者は優れた機能を開発しようとするし、生産現場では低価格こそ顧客の基本的な要求であろうと、とにかくコストを下げようとするし、営業はどんな顧客にも対応できるように品揃えを充実させようとする。そうした場合、これら三者間には矛盾や対立が生じてしまいます。誰しも、こうした矛盾の中で右往左往させられることに直面することでしょう。

また、ここで注意しなければならないことは、共通目的である組織の目的と、その組織にあなたがなぜ参加しているかといった個人の目的は、区別して考えられるべきものであるということです。

たとえば、あなたが自動車産業に属する企業で働いていたとします。会社の究極の共通目的である経営理念には、「自動車の生産販売を通じて世界の発展に寄与します」といったことが謳われていたとします。

しかし、あなた自身は自動車の生産販売を通じて世界の発展に寄与するために、この企業で働いているのでしょうか。就職活動の時にはそう答えたかもしれませんが、本音としては、「給与や待遇や評判といった面での良い会社に入って、いずれは家族をもって幸せに暮らしたい」ということではないでしょうか。つまり、組織的な目的と個人的な目的は区別されるのです。

協働意志とは組織に貢献する意欲

組織が主体性をもつ人間の協働のシステムである以上、協力をしようとする個人の意志の存在が生成要件の一つになります。組織に参加するか、参加しないか、さらにはどの程度貢献するかを決める個人の意思決定を「協働意志」と言います。当然、組織には各々の個人による活動が提供されていなければなりません。そこには活動に貢献しようとする人々の意欲が不可欠となります。

会社や組織の仕事をするということは、組織の共通目的に、個人の努力を捧げようとする行為であって、個人の行為を非個人化しているということになります。本来、自分のために使える頭脳や体や時間を組織に与えているのですから、何か見返りというか、報酬というか、組織が与えてくれるものの大きさが協働意志の大きさを決めるはずです。

つまり、長い目で見て組織で働くことのメリットが、組織で働くことから生じる負担よりも大きいと考えるから、人は一生懸命働くということです。長期的な期待を含めたメリットが生じる負担とバランスが取れないようであれば、遅かれ早かれ、やる気が大幅に低下するか、組織を辞めることになるはずです。

働くことによって得られるメリットは、賃金などの金銭的インセンティブ（経済的誘引）だけではありません。仕事の楽しさ、醍醐味や個人としての成長もあるでしょう。こういった諸要素を総合的に生み出す組織でなければなりません。

ここで、協働意志のマネジメントに関するバーナードの示唆を二つ紹介しましょう。

第一は、同じ仕事であまり格差のない報酬制度でも、協働意志にはメンバー間で差が出ることと、協働意志の大きさは時間とともに変動することです。

たとえば、社運をかけたような戦略プロジェクトのメンバーに選ばれたとします。自分はやる気満々でプロジェクトに臨んでいたとしても、消極的な姿勢のメンバーもいるでしょう。

たとえ、社運のかかった大事なプロジェクトであったとしても、メンバー全員が積極的な姿勢で参加しているはずだといった前提で、プロジェクトを進めたりするようなマネジメントでは、いずれメンバー間の軋轢や計画と実績の齟齬を引き起こす危険性が高くなります。

また、協働意志の大きさは変動するということも覚えておく必要があります。社運をかけた戦略プロジェクトでしたら、多くのメンバーが「ガンバルゾー」と気炎を上げて始まったのかもしれません。しかし、いつまでもみんなの士気が高いなどと考えてはいけません。反対に最初はみんなやる気が無かったのに、顧客からの期待や感謝の声を聞いて、次第に協働意志が高まるようなプロジェクトも少なくなさそうです。

第二は、こうした問題が生じる協働意志のメカニズムの根本についてです。それは協働意志があくまで個人の意思決定だということです。協働意志は個人がその組織へ参加するかしないか、あるいは参加の度合いを決めるものですから、組織や他人の命令によって生じるものではありません。

職場で「やる気出せ！」などと声を張り上げている上司はいませんか。決して悪意のあることではなく、部下を奮い立たせようとしているのでしょう。部下も「頑張ります」などと言っていますが、本当に「やる気を出せ」という声にしたがってやる気を出したのでしょうか。やる気を出すか出さないかは当事者である本人が決めることなのです。

したがって、たとえば後輩がやる気を失っていたならば、「気合い入れていけ」などと元気づけることよりも、やる気が出るよう周囲の状況改善を一緒に考えてあげるような態度が大事だと思います。つまり、やる気が出るような間接的な働きかけしかできないことを自覚することが肝要なのです。

コミュニケーションこそ重要

組織が生成し、存続していくために必要な三つの要素の最後は、「コミュニケーション」です。

組織が生み出されるためには、コミュニケーションによって、メンバー間の意思や行動が調整されなくてはなりません。バーナードは、このコミュニケーションこそが組織論で中心的な位置を占める、重要なトピックであると述べました。というのも、組織の共通目的と個人の協働意志という両極にあるものを結ぶものだからです。

逆に言えば、組織の目的もわかってるし、その達成に貢献しようという意志が強くても、周囲の人とのコミュニケーションが取れなければ協働は実現しないということです。

コミュニケーションの不具合が生じているときに、多くの人はどんな経路でどんな内容をどんな書類で伝えればよいのかといった、形式や技法を工夫することで対処しようとする傾向が強そうです。

しかし大事なのは、形式や技法を考える以前に、組織の全メンバーがコミュニケーションこそ必要不可欠だということをしっかり理解できていることです。コミュニケーションの重要性を理解していれば、話し手はわかりやすく熱意をもって伝達しようとするでしょうし、聞き手もしっかりと内容を把握しようとするでしょう。

そうしたコミュニケーションの基盤こそが必要なのです。日々効果的なコミュニケーションが取れていれば相互の理解が深まり、いわゆる「気心が知れている」といった良好な人間関係をも構築できるでしょう。

第5章

組織論②

会社って、こんな組織なんだ！

■対話編

先日会った友人のB君からメールがきた。今度は久しぶりにゼミのみんなと会おう、という内容だ。みんなにメールを送ると、五人が集まった。C君は家業の花屋を継ぎ、D君がIT企業で働いているのは知っていたけど、E君がアパレル企業に転職していたのには驚いた。スーツにネクタイは僕とB君だけ。

いろいろ話を聞いてみると、D君やE君が働いている会社は、いま話題になっているフラットな組織らしく、服装の規定がゆるいだけではなく、仕事でも上司に気兼ねすることなく、どんな提案もできるし、提案が認められたら自由にやらせてくれるという話だ。それに比べて僕の会社は……。

もともと組織ってフラットなものだったんだ⁉

A君　数年ぶりにゼミの仲間と会ったんです。IT企業やアパレルで働いている友人がいて、フラットな組織の良さをさんざん聞かされました。ウチなんか建設資材の会社ですから、旧態依然というか、組織も堅いんですよね。

教授　よっぽど、その友達がはつらつとしていたみたいだね。

A君　はい……。

教授　A君は旧態依然と言ったけど、組織というのは、われわれの予想に反してもともとはフラットなものだったんだよ。

A君　本当ですか!?

教授　本当だよ。ピラミッド型の組織ができたのは、一八〇〇年代の後半なんだ。アメリカで生まれたモールス信号を使って、プロイセン（現ドイツ）の参謀総長のモルトケという人物が、部下に必要な情報を伝えてムダのない動きができるピラミッド型の組織を創ったんだ。それで何十万という兵士を手足のように動かせるようになったわけなんだ。それまでは、たとえばナポレオンの軍隊だって彼の命令がどこまで敏速に届いたかわからない。小さな部隊がそれぞれ独自に戦っていたんだよ。

A君　なるほど。官僚制って、もともとは軍隊の組織だったんですね。

教授　そうなんだ。マックス・ウェバーがそのピラミッド型の組織を官僚制と名づけて、目的を達成するために最も機能的な組織だと評価したのは知ってるよね。

A君　はい。授業で習いました。でも、なんか官僚制というと、上意下達のガチガチの組織というイメージですけど……。

教授　A君のいう「ガチガチ」のところを、ウェバーは「鉄の檻」と称しているんだ。たしかに、官僚制では自分のやることは鉄の檻のようにガチガチに決められているんだけど、その自分に与えられた仕事の範囲内のことについては、自由に創意工夫を凝らしてやれるという意味ももつんだよ。ウェバーの言ったこの檻は、その人の自由を外から守るための檻だとも言えるんだ。

A君　つまり、自分の職責の範囲が明確で、その範囲から出ない限り自由にやれるということですね。

教授　そう。官僚制ではない組織だと自分のやるべき仕事の範囲が曖昧なんだ。ところが、官僚制では「あなたの仕事はこれです」と言ってくれる。それを一生懸命にやれば次のステップに上っていける。そのとき、出世の階段を上っていくと必ずいいことがあるということが大前提になっている。これが官僚制のもう一つの特徴なんだ。だから、みんな一生懸命に頑張って仕事をしようと思うんだ。

A君　それがはっきりしていれば頑張りますよね。

教授　会社もそうだけど、かつては官僚制があらゆる組織の理想だったんだよ。ところが最近は批判されるようになった。一つは出世してもいいことが少なくなったからなんだ。特に公務員は係長試験を受けない人が多くなっているそうだね。係長になっても仕事が増えるだけで、いいことが少ない、つまり給料アップも少ししかないという状況になっているんだよ。

A君　それは、ウチの会社でも同じかもしれませんね。僕の同期たちも、やり甲斐のある仕事はしたいと思っていても、出世しようと頑張っている人間は少ないですもの。

教授　やっぱりね。僕は、日本の企業は、一つ階段を上がればいいことがあるという世界をもう一度ちゃんとつくらないといけないと思う。いまは階層が増え過ぎたと思うな。

A君　多いですか？

教授　多いよ。組織の理想からいえば、どんな大きな会社でも七つくらいの階層があればいいんだよ。

A君　七つですか。一般社員、係長、課長……。

教授　部長、本部長、専務、社長かな。なのに、いまは次長とか、副部長とか、いろいろ役職名があるよね。本来、職責と職位と報酬はイコールで互いにリンクさせていかなければいけない。ところが、同じ職位でもすごく責任の重い課長がいるかと思えば、そうでもない課長がいたりする。そういう意味で、官僚制の評判が悪いのは運用の仕方が悪いからだとも言えるんだよ。

どんな組織が良い悪いなんて一概には言えない

A君　そういうことでは、フラットな組織は階層が極端に少ないですよね。

教授　そうだね。フラットな組織は階層が少ないから、よく意思決定が早いと言われるよね。

A君　はい。それがメリットの一つですよね。

教授　でも、フラットな組織って、実は意思決定をしなければいけない上の人間の負担がすごくかかってくるんだよ。

A君　そうなんですか。

教授　それに階層が少ない分、たくさんの部下の情報をもって意思決定するので、信頼性、正しさは落ちると言われているんだ。これに対してピラミッド型の組織は部署部署の少人数の情報で意思決定をすればいいわけだよね。ただし、最終的な意思決定は何段階も上がっていかなければならないから時間がかかる。つまり一見すると、意思決定の信頼性の高さはピラミッド型、スピードはフラットな組織という特徴がありそうだね。

　しかし、これもあくまで理論上のことで、現実的には二つの組織ともいろいろな問題を抱えているわけだよね。決定が早いはずのフラットな組織でも情報が混乱していたらなかなか意思決定ができなくなるし、官僚制が正しい判断ができるといっても、これは情報が正しく伝わった場合なんだ。だから、どっちの組織が良いとは一概には言えないわけだよね。

A君　なるほど。

教授　少し前にティール型組織というのが話題になったよね。

A君　分厚い本が書店のビジネス書のコーナーで平積みになっていましたね。

教授　それぞれ自分の夢をもっていて、その夢を実現する場として組織があって、強い個人がセルフコントロールしながら自分の夢を実現していく……。こういう場としてティール型という未来の組織が喧伝されているようだね。高邁で強い意志をもった人々の集まる、たとえば新事業など、こうした組織が必要とされる事業分野があることは否定しないけれど、多くの企業の現実を見ると、そういう人ばかりではないと思うな。A君の会社ではみんながみんな、何か大きな夢をもっている？

A君　たしかに、そう聞かれると、すぐには答えられません……。

教授　その点、さっきも言ったように、そもそもの官僚制組織は、そこに入ると夢が与えられる設計がなされているんだよ。部長になったらこんないい生活ができるんだとか、あるいは部長のかっこいい仕事ぶりを見ると、自分も将来はこうなりたいとかと思う。それが単なる妄想ではなく、頑張れば実現できる夢になり、仕事へのモチベーションになってきたんだ。だから官僚制は長い間続いてきたわけだ。一概に、旧態依然としたものは悪いと決めつけることはできないということだね。

自分の会社は、いったいどんな組織のカタチなんだろう

Ａ君　以前、先生は自分の会社の組織デザインを知ることも大切だよとおっしゃってましたね。組織デザインを調べるってどうすればいいんでしょうか？

教授　単純にいうと、まず自分の会社がどういう部署に分かれていて、役職の階層は何層あって、誰がどういう仕事をしているのかという全体像をつかむということだよ。次に自分の会社は事業部制的な組織なのか、縦割りの職能別組織なのか、またはそれらを融合させたマトリックス組織なのかを知ること。そうした組織にも、それぞれメリット、デメリットがあるんだ。

職能別組織は、人事なら人事、経理なら経理、製造なら製造で、社内でそれに必要な知識が体系化されているので、勉強しやすくプロフェッショナルになりやすい。弱点は、専門家ばかりできて、ゼネラリストが育ちにくい。

Ａ君　はい。それは、よく聞きます。

教授　事業部制の組織は、その事業部が一つの小さな会社のようになっているので、階層が上がっていくと製造から販売、マーケティングまで考えないといけないのでゼネラルマネジャーが育ちやすいんだ。

A君　それもよくわかります。自分の会社のそうした組織のカタチを知って働くことの意味は何なのでしょうか？

教授　自分の会社の組織のあり様を知っていると、たとえ理不尽なことを言う人がいても、その人の立場を理解して考えることができるようになる。それに、この会社で自分はどんなキャリアプランをつくっていけばいいのかも見えてくる。こうしたことは、これから長く仕事を続ける上で、とても意味のあることだと思うな。

■解説編

組織を知ること

この章では、大きな視座からの組織編成原理や組織デザインをテーマに書き進めていきたいと思います。

ここで言う組織編成原理とは、組織を形づくる根本的な法則や規則や基準のことです。部門が製品別に構成されているのか、職能別なのか。社長から一般社員までたくさんの中間管理職の階層が設定されているのか、フラットな階層なのか。こうした組織のデザインを決める基本的な方針や考え方と言ってよいかもしれません。

私の専門は経営組織論ですので、組織の編成原理や組織デザインについて実務家を前に講義を行う機会は少なくありません。その際によく言われることは、「組織、しかも大規模な組織を編成したりデザインしたりするような機会に出会うことは、ほとんどありません。それよりもプロジェクトチームの運営の仕方や、落ち込んでいる部下への対処方法など、目の前の問題を解決するような内容を講義してください」というものです。

たしかに、大規模組織の編成やデザインを主要な任務として担当する機会は、そう多くの人には訪れません。たとえば、自分でそこそこの規模の会社を興すとか、会社の組織変革担当執行役員に任命されるようなことに直面しない限り、一から組織を設計することはないでしょう。

しかしそれでもなお、会社の全体的な組織がどのような原理で編成され、動いているのか、どのような意図で設計されているのかを理解することは、働く人にとっては意味のある知識となります。そうした知識が有意義な理由には、大きく三つのことが挙げられます。

第一に、組織全体の部門や職位が設けられる原理を知ることが、仕事を進める上で直接的に重要な知識となるからです。というのも、私たちはそれぞれの会社組織の分け方や部門ごとの関係を形づくる基本的な基準や考え方、すなわち組織編成原理の中で働いているのです。

会社の組織編成原理にしたがってつくられた部門や職位は、あなたの果たすべき役割を決めます。自分は何を期待されているのか、なぜその職務を果たさなければならないかをしっかりと理解することは、あなたが何のために何をしなければならないかという、仕事の基盤を支えるような知識を提供するのです。

私は大学を出て、某電機メーカーに入社しました。そして最初の配属先が海外ビジネス部の中南米課でした。そこで半年後ぐらいには、赴任する予定の中南米のある国の人口動態や政治状況をまとめるように、と報告書の作成を命じられました。それなりに一生懸命頑張ったつもりで報告書を作成しましたが、すぐに上司に呼び出され、「学生気分が抜けていない！」と叱られました。

この時に私に欠けていた知識は、課題や問題の本質を理解して対処する、いわゆる概念化能力でした。簡単に言えば、自分に与えられているミッションの本質がわかっていなかったということです。自分のミッションを理解するには、自分の所属する組織の役割がわかっていなければなりません。その組織の役割を理解するには、会社全体の組織編成が概略的にでも理解できていなければなりません。

私がいた頃の某電機メーカーは、製品の開発と生産に責任をもつ製品別事業部と、販売に責任をもつ営業本部が並列的に設置されていました。

これは日本型事業部制の典型例ともいえる組織デザインです。その中で海外ビジネス部は営業本部に属していて、担当地域（国）における販売の責任を負っていたわけですが、売るべき製品をつくるのはオーディオ事業部やテレビ事業部などの製品別事業部です。当然、現地工場への投資も本来的には製品別事業部の権限と責任になります。

つまり、販売に責任をもつ海外ビジネス部と製品をつくる事業部の両者の二人三脚がうまく運ばなければ、海外での事業は成功しません。海外でのビジネスを成功させるには、製品別事業部の人たちに「この国は有望だな」と理解させて投資を引き出さなければならない。このことをわかっていなかった私は、赴任予定先の国に対してシビアな判定ばかりを書いた報告書を提出して、叱られてしまったわけです。

私たちは、会社の部門や部署などの機能や関わりを知ることで、会社全体としての分業と調整の基本原理を理解しなければなりません。そうした理解がなければ、自分のミッションの本質を自覚しながら仕事を進めることはできません。また社内の関連する部署や利害関係の生じる部門を知ることで、実効性のある施策を考案・実行して、有効な成果を生み出すことができるのです。

組織における「責任」とは

第二に、組織の編成原理を知ることは、責任や権限といった、働く上で基盤となるようなマネジメント概念をしっかりと捉えることの助けになるからです。

ここでは「責任」の基本を考えていきましょう。仕事や事業を推し進める上で、きわめて大事な概念が「責任」です。

たとえば、餃子の王将では、各店舗の店長にメニューの考案やその値段を決定する大きな権限が与えられています。その代わり、店長にはお店の収支に関する責任が発生します。新メニューを導入しても、それが結果的に売れなくて、売り上げや収益を悪化させれば店長の責任です。

このように、各職位には権限と同時に責任が求められます。つまり責任があるからこそ、権限が生じるわけで、組織とは責任の階層であるともいえるでしょう。

これは一見自明のようですが、歴史的な長い目で見ると組織における「責任」の概念は、権力に遅れて生まれたものとされています。近代以前の組織を思い浮かべると、宗教や王位継承といった伝統的なものに権力が生じて、人々はその権力に従って行動してきました。というのも、国を統治する権力をもつ人を設置することで、社会の混乱状態を回避するなどの機能をもつと思われたからです。

しかし歴史を振り返ると、よほど天才的な能力をもった人物でなければ、彼／彼女がいくら善意の人物だったとしても、治世を誤ってしまうようです。大きな権力をもつ者の前では、正しい意思決定の基盤となる適切な正しい情報の伝達に障害をきたすからです。必要な情報が届かなかったり、きちんとした分析ができないぐらいに情報過多になってしまったりして、権力者は不必要な誤りをしてしまうのです。

そこで、権力や権威をもつ人は同時に責任をもたなければならないという考え方が生まれました。権力をもつ者が失敗したら責任を取る、場合によっては交代させる力を併設させることで権力者の暴走を抑止しようとしたわけです。

責任があるから、好き勝手をやっていいのではありません。権力や権限の集中・独占を回避して、適切な分析と正しい意思決定がなされるようにするために責任があるのです。

第三に、組織をデザインする機会が少ないとは考えられても、まったくないわけではないからです。もちろん、会社全体の組織デザインをするなどという機会は少ないでしょうが、プロジェクトチームや営業所の再編を任されることがあるはずです。その際に組織の基本を理解しておく必要があるわけです。

では次に、組織編成の原理やそれに基づく組織デザインの基本について考えていきましょう。

組織の根本課題

組織とは、複数の人が集まって意識的な調整を図ることで、一人ではできない目的を達成するためのものです。

こうした組織を設計したり、再編成したりする際に、あるいは組織という存在そのものが抱える根本的な課題は、個人の主体性の発揮と組織としての合理性確保のための調整をいかに両立させるかということです。

組織研究の開拓者であるバーナード以来、経営組織論の前提の一つは、人間は主体性をもって意思決定し行動する存在だということです。したがって、自らの意思決定と責任において自由に行動したいと考えます。そうしたことが阻害されて、誰かのいいなりに動くことを嫌うのです。つまり、個人は大きな独立性と自由裁量を行使したいと願っているのです。

他方、組織側は個人に自由勝手に動かれては困るわけです。最も効率的な手段で成果を上げようとする。つまり合理性を求める組織にとっては、決められた通りに個々人を行動させ、それが組織とのシナジー効果（相乗効果）を起こすように調整しなくてはなりません。

これら二つの思考の方向性、つまり個人と組織の論理は、容易に並び立たない対立する関係にあります。世の中にも、家庭か仕事か、長期か短期かなどなど、二項対立的状況の中での選択を迫られることは少なくありません。多くの場合、どちらか一方に正解があるわけではなく、中間というか中庸に正解がありそうなのですが、現実的には一方が極端に選択される傾向が強いのです。

組織の場合も、個人か組織の論理のどちらか一方が強調され、いわゆる組織的問題を引き起こすことも多々あります。

たとえば、組織が優先されれば、働く個人が無気力になり、創意工夫をしなくなったり、いい加減な手段を選択したりして、結果的に組織を停滞させていきます。その一方で、個人が極端に強調されると、自由奔放な思いつきや、いっときの情動（パッション）で動くようになったり、時には一人の人間に極端に権力が集中し、専制的な暴走を引き起こすようになったりするのです。

組織編成原理の基本としての官僚制組織

個人の主体性の発揮と、組織としての合理性確保のための調整をいかに両立させるかという組織の根本的な問題に、一つの現実的な解をもたらしたのが「官僚制組織」でした。

まず述べておきたいことは、現代においても組織編成原理の基本は「官僚制組織」だということです。

官僚制と聞いただけで、ダメな組織の代表格のように思われがちです。官僚制組織の問題点は昔からたくさん指摘されてきましたし、時代遅れの古くさい組織形態と捉える方も少なくないと思います。たしかに官僚制が登場した一九世紀半ばから一五〇年を超える年月が流れていますが、官僚制以外の論理で管理・運営される大規模な事業体組織はそれほど多くは存在していません。

たとえば、Linux（リナックス、おもにサーバー用に使われるオペレーティングシステムのこと）を開発する世界的な規模での技術者の集まりは、非官僚制型大規模組織として喧伝されます。ただ、Linuxを現実に用いて社会実装するような組織や会社（ディストリビュータ）は官僚制的な特徴をもっています。

官僚制組織を概念化したマックス・ウェバーによれば、官僚制組織とは権限が集権的な階層的構造と専門的な知識による部門や部署の設置と、文書で明示された公式的規則によって、個人の一時的な感情や欲望に左右されない、組織の目標達成に合理的な決定と行動がなされる組織のことです。

専門的で技術的な知識に基づいての組織編成が徹底されれば、公私を峻別することができ、恣意的な職務遂行を排除することもできます。いわば属人性を徹底的に排除した職務や規則で動く精巧な機械こそが官僚制組織なのです。

要するに、官僚制とは上にいくほど偉い「集権性」、公式的規則体系が存在する

「公式性」、部門設置や採用において専門知識が重視される「専門性」の三つが極められた階層的な組織といえます。

現代の官僚制組織の中でいかに働くか

では、私たちは官僚制組織でどのように働いていくべきなのでしょうか。

官僚制を精巧な機械と述べましたが、組織が機械ならばそこで働く人々は一種の歯車のようなもので、組織にがんじがらめに縛られる、すなわち「鉄の檻」に入れられるようなものです。個人と組織の論理の両立という組織編成の基本的テーマから考えると、人間の自由を奪うと考えられる「鉄の檻」が、実は人間の自由な挑戦や創造発揮を刺激する仕組みなのです。

官僚制組織では、一人ひとりに部署や任務を与えます。要は枠がはめられるというわけです。しかし、その枠の中での自由は保障されます。この枠が曖昧なものだと、人間は怖くて思い切ったことはできません。官僚制では枠をきっちりさせることで、恐れることなく自由に創意工夫できる範囲を特定させるのです。

人間性を、官僚制組織という精巧な機械の中の歯車として閉じ込める「鉄の檻」が、実は人間のほどよい自由を確保し、周囲からの自分を守る防御壁にもなるのです。私たちには、自分の職務や権限の範囲をしっかりと理解した上で、その範囲で自由闊達に行動し挑戦することが求められているのです。

さらに、自分のミッションや職務の本質を知るためにも、自分の「鉄の檻」から一歩外に踏み出したところから見る広い視界が役に立ちます。上下左右へ立ち位置を移動してみると、自分の置かれた立場がよくわかるだけでなく、業務そのものの本質やその改善に関するヒントが得られます。

自社の組織編成原理を理解し、全社レベルでの広い領域を見わたすことを忘れずに、業務遂行に邁進してみてはどうでしょうか。

第6章

リーダー論①

優れたリーダーはよく「対話」する

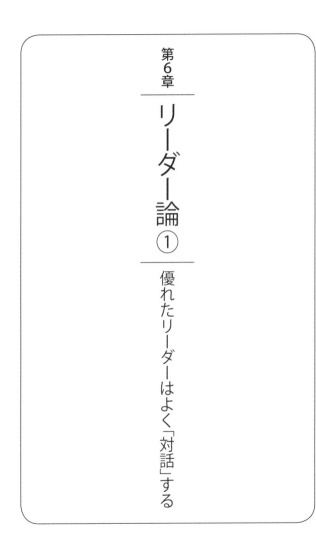

■ 対話編

ある日、僕は営業部長に呼び出され、こう告げられた。「先日、C社からの大口受注があった。その担当プロジェクトのリーダーを君に任せる」と。

C社の大口受注と言えば、この間、営業部内で先輩たちが盛り上がっていた案件だよな。リーダーになれば、工程管理や製造部門との折衝など、たくさんの人（それも先輩ばかり）とコミュニケーションを密に取って進めなくちゃならない。果たして僕にリーダーが務まるかな。リーダーって、そもそも何をすればいいんだろう……。

リーダーの一番の役目は、働きやすい環境をつくること

教授　今度、新しいプロジェクトのチームリーダーになったそうだね。

A君　はい。でも、リーダーって何をやればいいのかわからなくて悩んでいるんです。メンバーはみんな先輩だし、僕がチームを引っ張っていけるのか不安なんですよ。

教授　じゃあ、少しリーダーシップについて考えてみようか。本来、組織というのは、リーダーがいなくてもみんなで力を合わせて仕事をして結果を出す、ということが自然にできるのが理想なんだ。でも、実際はそうはいかず、メンバーを鼓舞し、励まして仕事をし、結果をつくっていく役割を担う人が、どうしても必要になってくる。それがマネジャーやリーダーといわれる存在なんだ。

A君　その二つはどう違うんですか？

教授　学問的にはいろいろな定義があるんだけど、しいて言えば課長や部長のように、マネジャーは会社からある権限を与えられて仕事をしている立場の人だね。リーダーというのは、よりその人の魅力でチームを引っ張っていくという感じかな。言い換えると、強制ではなく、みんなが働きやすいようにチームを整えていく役目だと言えるかもしれないね。

A君　みんなが働きやすい環境をつくっていくわけですね。職位がないだけ、リーダーのほうが大変な気がします。

教授　ドラッカーは「仕事を計画して、まとめ上げて、結果に責任をもつ人」というような定義をしているんだけど、ここから導き出される役割は、仕事を達成するという「職務遂行機能」と、みんなをまとめる「集団維持機能」の二つなんだ。つまり、リーダーには、結果を出すクールな側面と人をまとめ上げる温かい、優しい側面の二つが求められるということなんだね。

A君 やっぱり、人を引っ張っていく強さが必要なんですね。

教授 経営学に、専制君主型のリーダーがいいのか、民主型のリーダーがいいのか、それとも自由放任型のリーダーがいいのかを考えた実験もあるんだけど、そうした一連の研究でも、強さだけでは駄目で、優しさも必要だという結果が出ているんだ。

専門知識があるのは、良いことばかりじゃない!?

A君 その強さをもてるか、ますます不安になってきました。

教授 一生懸命やれば大丈夫。リーダーに求められる〝みんなを鼓舞して、仕事をまとめ上げて、それに対して責任を取っていく〟という役割を果たすのは、テクニックじゃなくて、その人の人格でメンバーと向き合っていくことが大切なんだ。その意味で、言動の一貫性や誠実さ、高潔さのようなものがリーダーシップの根本になるんだと思う。みんなリーダーの人間性についてくるんだよ。

A君　またハードルが上がりました（笑）。

教授　A君は若いんだから、知らないことは知らないと、とにかく真摯に、誠実に、先輩たちの意見を聞けばいいんだよ。

A君　それはできると思いますが……。リーダーという以上、専門知識もまだまだ少ない僕が最終的な判断をしなければいけないわけですよね。

教授　そうだね。「決める」というのがリーダーの一番の仕事だからね。でも、安心していいと思う。先輩たちの意見を真剣に聞いていれば、「このリーダーを助けよう」と思ってくれるサブリーダーのような頼れる人物が必ず出てくる。その人に実質的なリーダーの仕事を任せてしまってもいいんだ。

A君　リーダーは何でも知っていて、自信をもって決めることができる完全無欠な人かと思っていました。

教授　専門知識があるのも良しあしで、専門知識があり過ぎると人に仕事を任せずに自分でやってしまったり、すぐに口を出してしまったりする。これではチームのメンバーのやる気をそぐよね。だから専門知識の有無はプロジェクトの成否を左右する絶対的な問題じゃない。でも、最後の決断はA君自身がするんだよ。

A君　はい。それは覚悟しています（笑）。もし、サブリーダーになってくれそうな人が出てこなければ、僕のほうから積極的に、このことについてはこの人、これはあの人というようにアプローチしていってもいいんでしょうか？

教授　どんどんやるといいよ。そのためにも、自分が引っ張っていくんじゃなくて、みんながそれぞれ自分の力を発揮して働けるように、対話をしながらチームの環境を整えていく。いまのA君自身の人間性を大いに発揮して、たまにはざっくばらんに話せる懇親の場を設けたりしながらチームのコミュニケーションを増やしていくことだね。

プロジェクトの目的や意味を本当に理解しているか

教授　かつては「俺についてこい」というタイプのリーダーがいて、たしかに成果を出していたけれど、いまではそれが通じにくくなっていると言えるよね。

A君　そうなんですか？

教授　専門知識に関しても、ベテランの人よりも若い人たちのほうが最新の知識をもっていたりすることがある。もうベテランの経験則だけでは、正解の方向にチームを率いていけないということもあるんだよ。ある決断をするときに、他の人の意見を聞いたり、チームのメンバーの専門知識を集めたりして、そうした合意の上でものごとを決めていけるリーダーがますます求められるようになると思う。

A君　そういうリーダーなら、僕でもなれそうな気がしてきました。

教授　その意気だよ。ただ、リーダーが忘れてはいけないことが一つある。リーダー自身がそのプロジェクトが何のために行われるのかという、目的や意味を正しく理解しているということ。数値的な目標だけがあって、目的がきっちりと自分の中に腹落ちしていなければ、どんなにチームのみんなの意見を聞いても自分なりの判断は導き出せないし、自分の決断が正しいかどうかの見極めもできないからね。プロジェクトの目的を正しく理解していることが、リーダーの条件だと言えるかもしれないね。

A君　なるほど。わかっているつもりですが、もう一度、リーダーに指名してくれた営業部長と話し合って、自分の中で目的を明確にしていこうと思います。まず、ここから始めます。

教授　チームのコミュニケーションが大事だと言ったけれど、まずはその目的を本当にみんなが共有できるまで、A君が何度も伝えることも大事だね。

A君　はい。そうします。

教授　A君はこんなことはないと思うけど、よくリーダーに抜擢されると「自分は偉いんだ」と勘違いする人も結構いるんだ。あくまでも役割の違いで、偉いなんて思わないことだよ。

A君　肝に銘じますっ！（笑）

■解説編

権威——人を動かす力

多くの人が会社に就職すると上司ができます。その上司の指示に従って仕事をすることは当たり前のことです。この時に、上司には権威（authority）が発生することになります。権威とは、上から下へ強制的に振り下ろされる力ではなく、人々がそれに従うことを認める価値や力のことです。

ケネス・J・アローによると、権威には、人格的な権威（personal authority）と非人格的な権威（impersonal authority）があります（K・J・アロー（1999）『組織の限界』村上泰亮訳、岩波書店）。

人格的な権威とは、上司のもつ、個人としての判断力や人間的魅力によって人を自主的に動かす力で、非人格的な権威とは、組織における職位上の地位や法律が代表例ですが、社内規則を遵守するのが当然のこととして自主的に人が従う力のことです。

現実の上司は、人格的なものと非人格的なものの二つの権威を用いて、職場集団を率いています。公式的な地位に就いているリーダーやマネジャーは、これら二つの権威を発生させて部下やメンバーを動かしているわけです。

リーダーシップとは

この二つの権威のうち、リーダーシップは人格的な権威に当てはまります。つまり、リーダーシップとは「(その)人についていこうと思わせ、彼らをまとめる属人的能力」のことです。あるいは、もし突然職位を失った場合でも、周囲のメンバーがついていきたいと思わせることのできる、その人自身に備わった能力と言えるでしょう。

ただし、目的を合理的に実現しようとする組織にとって、属人的な能力はなんとも頼りない感じがします。

それに比べて、規則や法律として現れる、非人格的な権威は不安定さや不確定さは小さい。じっくり吟味されていて、安定的に機能していて、組織にしっかりとした成果をもたらしてくれるように思います。

しかしながら、非人格的な権威の源泉である規則やルールには大きな弱点があります。それは長所の裏返しなのですが、変化に臨機応変に対応する柔軟性がほとんどないということです。極端な例ですが、突発的な事故や天災で想定外の事態に直面した際には、新しい規則の制定や訂正にじっくり取り組む時間はありません。

そんな大げさなことでなくても、日常業務においても世の中にはいろいろな小さな変化が起こります。日常で起こりうる小さな変化への対応は、規則の変更などではなく、現場の人たちの臨機応変な行動や創意工夫によって処理・対応されていくのです。こうした人々を鼓舞してまとめ上げていく人格的な権威こそがリーダーシップなのです。一方で、非人格的な権威は、主体的行為としての努力や創意工夫が引き出されるように従業員を元気づけ、激励し、鼓舞することが苦手です。この組織の弱点を補佐するのもリーダーシップと言えるでしょう。

逆に言えば、組織が完璧ならば、少なくとも定型的な業務にリーダーは要らないはずです。しかしながら、たとえ安定的な環境においてでさえ、完全で精巧な機械のような組織を設計し、構築するのはきわめて難しい。不可能と言っていいと思います。したがって、不完全な組織を補佐するリーダーシップという概念が古くから探究され続けてきたわけです。

リーダーシップの基本機能

リーダーシップに関しては、これまでたくさんの理論フレームや見解が生み出されてきました。リーダーシップの機能には、大きく二つのカテゴリーに分けられます。それは、多くの研究者が認めています。一つは「職務遂行」、もう一つは「集団維持」です。

「職務遂行」機能とは、組織や集団の目標を達成しようとする働きのことです。たとえば、登山隊の隊長は決められた山の頂上へチームを到達させることが職務です。それが実現されるように、ルートを決定したり「go or not go」の判断をしたりしながら、その遂行に向けて発揮される力がリーダーシップということになります。

職務遂行志向の高いリーダーは、メンバーの基本的な任務や役割や目標を設定し、仕事の仕方を指示するとともに、仕事の結果を評価し、適切なフィードバックを与えるなどの行動をとるとされます。

リーダーシップの「集団維持」機能とは、組織や集団をまとめチームワークを発揮できるようメンバーのそれぞれの満足度と凝集性《ぎょうしゅうせい》を高めようとする働きのことです。ちょっと難しい言葉が出てきましたが、集団の凝集性とは、その集団のメンバーであり続けたい、集団から離れたくない度合いのことです。

登山隊の隊長ならば、メンバー一人ひとりの思いや健康状態に気を配ったり、チーム全員を団結・協力させるような力を発揮する。その力がもう一つのリーダーシップです。

要するにリーダーシップの機能は、組織や集団の職務を確実に成し遂げるよう導くことと、集団としてのまとまり・団結をつくり出して維持し続けることの二つです。

しかしこの二つは、一方を立てると他方が立たない相反する関係にあります。

また登山隊の例ですが、不順な天候が続いたり、準備してきた機材に故障が発生したりして、全員が頂上に登ることが困難になったとします。チームとして登頂に成功するという職務遂行の面からすれば、全員でなくても、チームの中から優秀な一部のメンバーを選抜して登頂させることが最良の手段だと思われます。

しかし、全員が登山家である以上、誰もが登頂したいと思っているはずですから、一部のメンバーだけが登頂できることに、簡単には同意できないはずです。その中で選抜メンバーの発表となれば、チームはバラバラになってしまいます。リーダーシップの集団維持の機能が損なわれるのです。

優れたリーダーは、厳しくもあり優しくもある

さて、職務遂行と集団維持の二つの基本機能のうち、どちらが大事なのでしょうか。

職務遂行志向のリーダーが厳しくクールな行動スタイルの人、集団維持志向のリーダーが優しくみんなの感情に気を配る行動スタイルと、簡単に言い換えれば、リーダーには厳しさと優しさのどちらがより求められるのかということです。

オハイオ大学の調査研究の結果、どうやら優れたリーダーは、職務遂行機能も集

団維持機能も両方とも高いレベルで働かせていることがわかりました。つまり、できるリーダーは厳しくもあり優しくもあるというのです。

この仮説を厳密に証明したのは、三隅二不二先生（大阪大学名誉教授）でした。膨大なデータと精密な統計分析の結果、職務遂行機能も集団維持機能も高い水準で実現しているリーダーが、生産性向上の面においても、従業員のやる気と凝集性の面においても成果の高いことがわかったのです。三隅先生の一連の研究成果はＰＭ理論と呼ばれています。

しかし、「厳しくもあり優しくもある」リーダーになるためには、具体的にどうすれば良いのでしょうか。厳しさと優しさは相反する方向性を示しているようです。つまり厳しくすると優しさが減るし、優しくすると厳しさは減るような気がします。その辺りをうまくやっているのが優れたリーダーということになるのでしょうが、実際にはどのように両立させているのでしょうか。

先ほどの登山隊長が抱えるジレンマのように、職務遂行機能を重視して新しい仕事を効率的に運ぶために若手のＡ君を係長に抜擢すると、集団維持機能面での職場全員の協力意識や凝集性を下げるかもしれません。リーダーシップの発揮には、その根底にジレンマを抱えているのです。

もちろん、中途半端な折衷では意味がありません。折衷ではなく、二つの相反する方向性のものを両立させようとまず考えられたのは、厳しくすべき時は厳しくして、優しくすべき時には優しくするということでした。

状況に応じて、行動スタイルを変更していくべきだとするリーダーシップの状況適応理論は、一時期、世界中で研究がされ、そこから生まれた「こういう状況ではこう振る舞う、あるいはこうしたリーダーを配置する」といった示唆はたくさんあります。それら諸々の示唆に従い、それぞれの状況に合わせてリーダーシップを変化させていけばよいのですが、でもこれはこれでやっかいな問題を提起します。

実際の職場で、仕事の状況やそれぞれの部下に合わせて言動のスタイルを変える上司を思い浮かべてみましょう。

おそらくメンバーは、リーダーに対してきわめて打算的な印象をもちますし、リーダー自身も四六時中「今日は厳しく、明日は優しく」や「Aさんには優しく、B

さんには厳しく」なんていちいち考えていたら疲れてしまいます。ましてや、リーダーシップへの影響要因は膨大です。覚えきれないほどたくさんの状況と対応のチェック項目を書き込んだ手帳を見ながら部下に当たるようでは、誰もついては来ないでしょう。

リーダーシップの源泉

私たちはリーダーシップの根本に立ち返って、実践的な意味での優れたリーダーを考え直さなければならないようです。

では、人格的な権威であるリーダーシップはどこから生じるのでしょうか。

人が自然と従うようになるリーダーの条件の一つ目は、おそらくその人がもつ専門的な知識でしょう。たとえば、ＰＣが壊れた時には、ＰＣやコンピュータ言語に詳しい人の指示に従います。経理部門では、会計に関する知識を深く広くもっている人の指示にみんなが従うわけです。このようにリーダーシップの源泉の一つは専門知識です。

次の条件は実績です。それも顕著な卓越した実績をもったリーダーに人は従います。「彼は一人で欧州市場を開拓した」とか、「つぶれかけたX事業部を立て直した」とか、こうした優れた実績をもっている場合、その人にはリーダーシップを発揮する源泉が備わっていることになります。

最後は人徳です。専門的な知識や能力もないし、これといってすごい実績を上げているわけでもないのに、なぜか多くの人に慕われるようなリーダーはいませんか。周囲の人を惹きつけ、信頼関係を構築することで、人格的な権威としてのリーダーシップが発揮されていくのです。

この三つの中で、特別な位置にあるのが最後に上げた人徳です。

たとえば、専門知識によってリーダーシップを発揮する場合、専門知識をもっているがゆえに、他のメンバーを信頼して仕事を任せることができなくなるというジレンマがあります。何でも自分で片づけてしまうリーダーは優れているとは言えません。自分のほうがうまくできるけど、それを他のメンバーに任せるという度量も必要なことはしっかり覚えておくべきでしょう。

また、抜群の実績をもっていることは人を動かす大きな力なのですが、裏を返すと一度大きな失敗をすると取り返すのは大変です。また、実績を上げ続けないとリーダーシップを維持できないという一種の恐怖感に襲われて、ひたすら一貫性の無い、その時々に目立つような業績を追い続ける危険性があります。

このように専門知識であれ、卓越した実績であれ、そこにメンバーや周囲の人に対する思いやりや気遣いといった配慮がなければ、リーダーとして集団を正しい方向に導くことは難しいでしょう。こうしたことが人徳の中身だと思います。

しかし人徳と言ったとたんに、生来的な資質論に逆戻りかという印象をもたれてしまいそうですが、そうではありません。京セラの元相談役の伊藤謙介氏は、「人徳とは日頃の行動の総和である」と言っています。

もう一度、山頂を目前にしたベースキャンプで、登山チームのリーダーが限られた登頂メンバーを選抜しなければならない場面を想定してください。リーダーである彼/彼女の決定が全メンバーに受け入れられ、下山時もみんなが一致団結できるようになる。そのためには、リーダーが常日頃からえこひいきをしたり、一時の感情に流されたりするタイプではなく、品行方正で、みんなのことを考えてくれるような人であることが大事なのではないでしょうか。

日常生活も含めて、自分の良心や道徳に従った行動を積み重ねていけば、部下や周囲の人はそれをしっかりと見ているはずですから、そこに人徳としての権威が備わっていくことでしょう。

第7章

リーダー論②

やっぱり会議は踊るかも？

■対話編

張り切ってプロジェクトのリーダーになったものの、実はいま、真剣に悩んでいることがある。メンバーが集まる会議のことだ。長時間話し合っても、なかなかいい結論が出ない。ときに会議がシーンとなって誰も発言しなくなることもある。逆に、みんなが勝手に意見を言い出して収拾がつかなくなることもあった。

これって、やっぱり会議の中心者であるチームリーダー、すなわち僕の力のなさに起因するのだろうか？　会議を本当に意味あるものにしていくには、どうすればいいんだろう……。

仲が良くて、同じ目的を共有している集団をつくる

A君　先生、人をまとめていくのって、本当に難しいですね。

教授　そうか。やっぱりチームリーダーを引き受けたことは、A君にとってよかったね。引き受けなければ、そういうことも悩まなかったかもしれないし、ね。人間は悩んで大きくなっていくものなんだよ。

A君　ありがとうございます。喜んでいいかどうかわかりませんが……。でも、なかなか答えを見つけ出せないんです。

教授　で、A君はどんなことが気になるのかな。

A君　今回のC社向けのプロジェクトは、比較的大型の受注なんで、僕のような営業から、契約に携わる総務の人や製造や工程管理や購買の人も含めて、いろんな部署の人が参加しています。

会社の中は全体としてアットホームな雰囲気はあると思うのですが、プロジェクトチームの中はなんか他人行儀というか、よそよそしい感じがしてます。みんなでプロジェクトを成功させようという団結心が無い気がするんです。プロジェクトの全体会議も毎週のように開催しているのですが、みんなの合意を得るにも時間がかかるし。若造の僕がリーダーになったからかなあ……。

教授　A君の話を聞いていると、プロジェクトの業務がうまく回っていかない原因の一つは、まだプロジェクトチームのメンバーに仲間意識ができていないことなんじゃないかな。「集団凝集性」という考え方があるんだけど、みんなが仲良くて、その集団から離れたくないと思う気持ちが強い集団を、集団凝集性が高い集団というんだ。
A君　大学時代のクラブの仲間とかですか？
教授　そうだね。みんな仲が良くて、今度の大会ではリーグ優勝しような、なんてお互いが共通の目標をもっていたら、会議なんかしなくても立ち話でやるべき方針が決まっていくということがあるよね。
A君　はい。たしかにそうでした。
教授　会社でも同じで、みんな仲が良くて、その会社が掲げる目標、A君でいえばプロジェクトの目標だね。その目標をみんながやり遂げようという気持ちでいるなら、生産性がすごく上がるんだ。
A君　よくわかります。どうすれば、その集団凝集性を高めることができるんですか？
教授　集団凝集性を高める手段はいろいろあるんだけど、たとえば、毎日、顔を合わせること。ウェブ上のテレビ会議でもいいから、ざっくばらんに話し合う機会を定期的に設けると、いつの間にか人って仲良くなるものだよ。だから、いまはまだ仲良くなる過程だと思っていればいいんじゃないかな？　そのうちみんなの気心が知れて、いい話し合いが行なえるようになると思うよ。

あるいは、実現は難しいかもしれないけれど、部長にお願いして、それぞれの業務の進捗状況を書いた表でも貼っておけるような、プロジェクト専用の業務スペースをつくってもらってもいいかもしれない。

これは、比較的大きな会社での話なんだけど、定常業務は目的をはっきりさせて共有・納得させた上で、フリーアドレス制、つまりどこでも好きなところで仕事をする。逆に、目的ははっきりしているけどいろんな職種の集まるプロジェクトでは、業務スペースを特定したほうが良いという調査結果もあるんだ。

A君　少し、気が楽になりました。部屋の件も部長に相談してみます。

集団には、良いこともあれば悪いことも相当ある

教授　ただし、仲の良い集団ほど危険な特性をもつことも知っておかなければならないよ。

A君　えっ？　それはどういうことですか。

教授　実は人間というのは困ったもので、たとえ常識的な正しい考えをもつ人でも、集団の中で権威をもった人物が何か間違ったことを言うと、簡単にその人物が言うことに賛成するというか、はまってしまう傾向があるんだよ。

　これは、なぜユダヤ人の虐殺は起こったのか、あるいは日常生活では常識ある父親だったりしたナチスの将校たちが、なぜあのような残酷なことができたのか、という問題意識を解明したことでも知られている政治学者のハンナ・アーレントの研究などでわかったことなんだ。

A君　はい。

教授　こうした集団の研究によって、どうやら集団というのは良いこともあるけど、悪いこともけっこうある、ということがわかってきたんだよ。権威をもった人物にみんなが同調することで、それが集団の圧力になることがある。そうしたものに流されたり、屈してしまったりすることがあるんだ。それが比較的如実に現れるのが会議という場なんだ。

A君　それは、わかります。場の雰囲気を壊さないようにしようなんて思ったりしますものね。

教授　有名なのは、新田次郎さんの小説『八甲田山死の彷徨』だね。映画にもなっているから、観るといいよ。これは日露戦争の耐寒訓練のために大人数の青森歩兵連隊と少人数の弘前歩兵連隊が、それぞれ冬の八甲田山を越える行軍に出たときの話で、弘前連隊は無事に帰還したのだけど、青森連隊は参加した二一〇人中一九九人が死亡したんだ。

A君　ほぼ全滅ですね。

教授　そうなんだ。この原因が会議なんだよ。青森歩兵連隊は、吹雪の中、前に進むか、戻るかを決めるのに会議を開いたんだ。みんなは本音では引き返したほうがいいと思っているんだけど、会議ではそれを口にできない。なかなか退く決断は難しいんだよね。こういうときこそリーダーが決断しなければいけないんだけど、結局は集団の圧力に負けて前進するという決断をしてしまったんだ。

A君　わかる気がします。引き返そうなんて言えないですよね。

教授　会社でも同じだと思うけど、係長が議長をしている会議に課長が入ってくると、どうしても課長が右と言えば右にいってしまうことってあるよね。

私が言いたかったのは、プロジェクトチームの中でA君にはまだそういう権威はないんだろうな、ということだよ。良い意味でも悪い意味でもね。だけど、真剣にプロジェクトに取り組んでいるという姿勢を見せることで、みんなの信頼を得ることはできると思うよ。

大切なのは、リーダーが集団の病理を知っていること

A君　少し角度が変わってしまうんですが、会議をうまく運ぶテクニックのようなものはないんでしょうか？

教授　アジェンダ（議題）や会議の目的を明確にすることなど、一般的に言われていることがなくはないけど、これまで話した通り、社会で暮らす人間の本質的なところに根ざしたような問題だから、こうすれば必ず良くなるといった決定打はない

んだよ。それでも思いつくままに言うと、たとえば「悪魔の弁護人」というものがある。これは、会議のときにみんなが言うことに対して反対意見を言う係を設けておくということなんだ。部長の意見に会議自体が流れていこうとしているときに、あえて反対を唱えるわけだね。そうすることで集団の病理、欠陥を少しでもなくそうという工夫の一つだ。

A君　悪魔の弁護人ですか。覚えておきます。

教授　他にも議論はせずに紙をまわしてランダムに書き加えていくという方法もある。だれが書いた意見かわからないので、上司の意見だなんていうバイアスなどが排除される率が高くなる。

A君　いろいろあるんですね。

教授　あとは終了時間を決めて、その時間までに一つの結論を出すというプレッシャーをかけると、議論に真剣さが出て会議の質が高まるとも言われているね。だけど、大切なのはそういうテクニックではないと思うな。

A君　僕もお話を伺っていて、そう思いました。まずはプロジェクトに対する僕自身の真剣さをみんなに知ってもらう努力をしようと思います。

教授　良いところに気づいたね。それと、みんなが早く仲良くなれるように、A君ができる努力をするといいね。たまにプロジェクトのメンバーでお昼ご飯を食べるとか、ね。

A君　はい。それは心がけようと思います。

教授　なによりもいま話したような集団の病理について、リーダーが知っているということが大事なんだよ。その意味で、A君はもうすでにいいリーダーになったと言えるかもしれないよ。

■解説編

三人寄れば文殊の知恵!?

会社では多くの会議が開かれます。単なる報告・会話による情報交換や、新しいアイディアの創出から組織としての行動や方針の決定まで、種々様々な会議が開かれることになります。

会議が有効であると多くの人が思う根拠としているのは、一人が独断で決めることよりも、多くの人の意見を集めたほうがより良い考えが出てくるという常識や信念でしょう。いわゆる「三人寄れば文殊の知恵」ということわざの示す論理です。

たしかに独りよがりの考えやアイディアは、考慮する範囲が狭かったり、一人の偏見や先入観によって歪められていたりするものです。したがって、みんなで考えましょうということになるわけです。

しかしながら、現実の会議では「三人寄れば文殊の知恵」の示す良い案がたくさん出ているでしょうか。自分では思いもよらなかった素晴らしい案が出て、そのアイディアのおかげで良い結果が出せた、といったことが多々あるものでしょうか。

そもそも「会議は踊る、されど進まず」で堂々巡り状態で何も決められずに先送りが続いていたり、あるいは、誰からも発言のないまま、「では、従来通りで」なんてことになっていたりすることでしょう。

もちろん、「三人寄れば文殊の知恵」はほぼ間違いなく正しい教訓だと思いますが、必ずしもそうならない場合もあります。つまり、個々の人がもっているアイディアのほうが、三人で議論して合意したアイディアよりも優れている場合があるということです。というのも、複数の人が集まると集団が形成されますが、集団には特別な力学が発生するからです。こうした集団という場での特殊な作用を研究するのが、集団力学（グループダイナミクス）です。

集団の発見——集団とは

集団とは複数の人の集まりのことです。「集団」と「組織」は同じ複数人の集まりのようにも思えますが、経営学の中では、直接に目に見えて話し合うことのできる範囲の集まりを集団と言います。たとえば、世界に事業を展開する会社を想定しますと、世界規模での協働のシステムが組織で、課などの目に見える人が集まって直接コミュニケーションの取れる職場が集団ということになります。

経営学において、集団の存在とその意義が明確に見出されたのは、意外に新しく、いまから百年ほど前の一九二〇年代でした。メイヨーらがウエスタン・エレクトリック社のホーソン工場での実験を行った結果、会社組織における集団の存在を明らかにしたのです。そこから集団への注目が集まり、やがて集団力学が生まれました。集団力学における初期研究は、集団凝集性という概念を軸に進められました。集団凝集性とは、メンバーそれぞれが好意をもち合い互いに惹かれ合っている度合いのことで、その高低が生産性に影響することがわかってきたのです。

とは言っても、集団凝集性が高ければ生産性も高い、というような単純な関係ではありません。二つの関係性に影響するさらなる要因が探索されましたが、その中で注目されたのが、集団凝集性が高くて、集団の目標や規範が組織目標と一致していれば、生産性が大幅に上昇するという研究結果でした。

集団として一致団結している状態は、集団のもつ目標をメンバーが重視することを意味しますから、その目標が組織目標と同じであれば生産性向上に結びつきます。しかし、二つの目標が反対方向を向いていたら、生産性を低下させるように強く働いてしまうことになるわけです。

この結果から、集団の凝集性を高めることと同時に、集団のリーダーや職場の管理者が組織目標と集団の目標が一致するように働きかけることの重要性が主張されました。

凝集性と村八分

組織の目標と集団の目標が一致しさえすれば、凝集性の高い集団は、集団の目的を効率的に達成し、生産性向上に寄与します。したがって集団凝集性を高めることは生産性を大幅に上昇させるために、大事な施策であるとされてきました。

しかし集団力学の研究が進む中で、集団凝集性の高さがもたらす弊害も明らかになりました。

たとえば、凝集性の高い集団の中では、既存の基準や規範を守ることに固執するあまり、新しいことを提案・実行しづらくなります。メンバーの誰かが新しいチャレンジをしようと思っても、行動を既存の基準・規範に同調させようとする他のメンバーからの圧力が強固に働きます。それに従わない人には「リスクの高い挑戦はするな」などの指示や強い説得が行われます。それでも従わないときには、説得を含めた一般的なコミュニケーションを遮断してしまいます。

こうした集団のメンバーや周囲の仲間との関係を断絶してしまう現象を、一般的に「村八分」と呼びます。クラスの仲間に無視されるいじめのような現象も、これに似ているのかもしれません。

つまり、そもそも凝集性の低い集団であれば、誰か一人が新しいことを始めても、それを止めるような圧力も発生しませんので、コミュニケーション量は低いレベルで一定です。コミュニケーション量の多い、凝集性が高い集団だからこそ、説得しても無理だとわかると、急激にコミュニケーションを低下させ、「村八分」状態をつくるのです。

集団力学研究では、村八分現象のようなみんなが一致団結する集団の負の側面、すなわち集団それ自体のもつ病理的な作用が注目されるようになるのです。きっかけの一つは、第二次世界大戦への反省でした。大戦中は、戦争だからと罪のない人々を大量に殺してしまうといった野蛮な行為を行ってしまいました。特に西欧社会においてはナチスによるホロコーストは衝撃的な出来事でした。理性からの教養が啓発された社会の中で、私たち人類は、近代化され、野蛮な行為が捨て去られたと信じられていたからです。

集団の研究に大きな影響をもたらしたのは、政治思想家ハンナ・アーレントが『エルサレムのアイヒマン』という本で明らかにした「悪の陳腐さ」という概念です。詳しい話は省きますが、たくさんのユダヤ人を連行し収容していったナチス大佐だったアイヒマンは、ユダヤ人が憎いという残虐非道な思想をもった人間ではなく、淡々と組織の中の指示に従っていただけだというのです。むしろ無思想性、あるいは命令は絶対という思考停止が悪の本性だったのです。

この後、ミルグラム実験（アイヒマン実験）と呼ばれる一連の研究の中で、閉鎖的な集団における権威者の指示に無批判に従う人間心理が解明されました。具体的には、個人としては、やってはいけないこととわかっていても、偉い先生や上司の指示があると、ごく普通の人間でも、結構悪いことをしてしまう危険性があるということです。

アッシュ研究

筆者作成

集団の病理

　このような、企業における集団の病理に関する代表的な研究をいくつか紹介しましょう。まずは、アッシュ研究と呼ばれる集団の同調に関する知見です。

　アッシュ研究とは、たとえ目の前に客観的な事実があったとしても、周囲の意見に合わせてしまうほど同調の力が強いことを明らかにした研究です。具体的には、上のような絵を見せて、線分Xと同じ長さの線分をABCから選択させるような課題を与えます。誰が見てもCが正解なのですが、集団の中で他のメンバー全員にAだと言われると、自分もついついAだと言ってしまう現象が起きたのです。すなわち、集団の中の個人は、自分で真実を歪めてしまう危険性をもつのです。

かつて本田宗一郎は「真実は権力より強い」と語りました。しかしながら、アッシュ研究はその逆の「長いものに巻かれる」といった人間の弱さを示したものと言えるのかもしれません。

その後、実際の会議の進行プロセスや意思決定の分析から、グループシンク（集団浅慮）という言葉が生み出されました。

グループシンクとは、「三人寄れば文殊の知恵」の逆の現象が生じるような集団の意思決定のことです。つまり、個人の意思決定のほうが、集団の意思決定よりも勝っていることを示したものです。一人で決めたら間違わなかったのに、わざわざ何人かで相談し合ったり、会議を開いたりしたばっかりに、正しくない結論を導いてしまった、と。

具体的には、ミーティングなどにおいて、突飛な意見を表明したり、不人気な少数派の意見を支持したりする表現（発言）が、自粛されたり妨げられたりすることです。逆に少数のやたら声の大きい人の意見が採用されてしまうこともあります。こんなこと誰にもできないよ、と思っていながら、選択肢の現実的な評価を口にできない場合もあります。

集団だから起こるこうした作用によって、個々のメンバーはそれなりに正しい答えをもっていたはずなのに、会議によって不本意な結論に達してしまうことがあるのです。

また集団での意思決定は、個人による意思決定よりも極端な方向に振れることも指摘されています。

なぜか、会議が盛り上がった勢いのままで、「俺がやります」「私はもっと、こうします」など個々人が先行し合って、きわめてハイリスク・ハイリターンの施策が合意されたりする。反対に、全員が参加メンバーに気兼ねしたり、責任回避の傾向が強くなったりして、保守的な慎重すぎる施策や結論の先延ばしといった事態になることがしばしば見受けられます。こうした現象を集団シフトと言います。

「対話編」にも出てきましたが、明治三五年に、日本陸軍第八師団の歩兵第五連隊が青森市街から八甲田山に向かう雪中行軍の途中で遭難してしまいます。訓練への参加者二一〇名中一九九名が死亡するという、近代における世界最大級の山岳遭難事故になってしまったのです。

その原因の一つが、猛吹雪の中で進むか戻るかを会議で決めようとしたことにあったと言われています。個々の将校はみんな戻ったほうが良いと考えていたのですが、会議では、そうした消極的な意見表明が躊躇され、逆に行軍継続の方向性で個々人が先行し合ってしまい、行軍決行の決定がなされてしまったのです。

集団の病理を避けるためには

集団の愚かな側面を取り除き、参加メンバーのそれぞれの知恵を結集するために様々な工夫が考案されてきました。集団の病理の根っこである集団への過度な同調傾向に対する三つの施策を紹介します。

一つは非同調の促進です。たとえば、あえてミーティングの場に異質なメンバーを参加させることや、みんなの意見を疑ったり、反対意見を表明したりする「係」

の人を任命しておくことなどがあります。この係を悪魔の弁護人（devil's advocacy）と呼んだりします。構造的な役割として設置することは、「係として反対意見を言わなければいけないから言っている」ということになるので、心理的負担を軽くする効果が期待できます。

次は同調の抑制です。たとえば、ブレーンストーミングという自由な雰囲気で、他を批判せずにアイディアを出し合うミーティングの方法があります。一般的にはブレストと略されることが多いかと思います。ブレストでは、誰かの発言での評価やコメントをせずに、とにかく質より量でアイディアを出し合います。

最後はコミュニケーションの制御です。会議におけるコミュニケーションはそれぞれの意見やアイディアを結びつける媒介であり手段です。しかしながら、こうしたコミュニケーションでは、データやアイディアといった中核的な情報に加わって、いまの発言は課長がしたものだなどの、メンバーの地位や権威などのノイズも伝わってしまいます。このノイズが、個人が正しいと思う意見の表明や施策の現実的評価を自粛させてしまうのです。

そのため、誰が書いたかわからないようなメモを交換し合って、アイディアを融合させるといった方法がいくつか提案されています。

これまで紹介したように、集団の病理に関して様々な知見が得られています。それに対応すべく会議法も開発されています。にもかかわらず、現実の集団や会議の場で有効に機能する万能の特効薬は開発されていません。集団の病理が人間のかなり深い本質的特徴から生じているからです。

それゆえ、経営学を知ったチームリーダーであるあなたは、集団には病理があることをしっかりと自覚して、「グループシンクに陥っていないか」「会議の結論が極端な方向に突っ走っていないか」などをセルフチェックしながら、会議やグループの運営に当たっていくしかないでしょう。

第8章

モチベーション

やる気は〝支え〟の中で生まれる

■対話編

僕のプロジェクトチームには、今年の春に入社したF君という後輩がいる。これまでは会社で決められた新入社員研修に参加したり、一通りの部署を経験する実習に行ってたりしたけれど、最近、やっと配属先である営業部での仕事が始まった。

先輩からF君の教育係に指名されて、先日、C社のプロジェクトチームのリーダーにもなったばかりの僕は、ますますやる気が高まった。初めての後輩に、「何でも聞いてよ!」と元気いっぱいに声をかけたのだけど、なんだかF君は元気がない。どうも悩みを抱えているみたいだ。

仕事そのものの面白さがやる気を生み出す

教授　その後、後輩のF君はどう?　多少は元気が出たの?

A君　たまに食事に誘って話を聞いたりしているんですけど、どこに「やる気の出るスイッチ」があるのか、わからなくて……。

教授　たしかに、いまの新入社員は入社してすぐに辞めたいと言ったり、元気がなかったりするとよく聞くよね。そういうときに「頑張れ」と励ましたからといって、すぐにやる気が出るわけがない。これはA君も経験があるんじゃない？

A君　あります、あります。

教授　やる気を出させるためのアプローチって、大きく二つあると言われていたんだ。一つはもちろん賃金や報酬のアップ。もう一つは心理的・肉体的に直接対象者に働きかけるアプローチ。これは、褒めたり励ましたり、逆に叱ったり、できないと身体的苦痛を与えたりするやり方なんだ。

でも、すでに数十年も前に、アメリカの経営学者のハーズバーグが、賃金増額や「やる気を出せ！」のかけ声で、やる気のない人間がやる気ある人間に変わったためしがありますか、と言っているんだよ。

A君　たしかに、いくら褒められても、そんなに簡単に人は変わりませんよね。

教授　彼は、「エンジンのない車にいくら燃料を入れても走るわけがない」とも言っている。そのエンジンをつくっているのが、仕事そのものだ、というわけなんだね。つまり、仕事そのものが面白い、あるいは楽しくなければエンジンもかからない、すなわちやる気は出ないんだ。

A君　仕事そのものの面白さですか。

教授　そう。彼は、これまでの職業人生で最も面白かった（満足した、幸福だった）ことを一つ挙げてほしい、という調査をしていてね。その答えは、賃金をたくさんもらえたときではなく、仕事を達成できたときや成果をみんなに認められたときというものが多かったんだよ。

つまり、仕事がやる気をつくるんだ。賃金を上げたり、声をかけたりするアプローチ以前に、仕事を面白くする工夫をしなければやる気は出ないんだよ。

仕事を面白くする三要素は、一つがゼロだとすべてゼロ

A君　仕事を面白くするには何が必要なんでしょうか？

教授　経営学では、仕事を面白いと感じるには次の三つの要素が必要だと考えられている。一つは「仕事の有意義性」。その仕事が意義のある、会社や世の中の役に立つ仕事だと感じられるかどうか。二つ目は「仕事の自律性」。これは仕事を任さ

れている度合い、裁量権がどれだけあるかということ。三つ目は「仕事のフィードバック性」。つまり、でき栄えや結果を仕事の中で得られる度合い。たとえば、お客さんが「ありがとう」と言ってくれるなどフィードバックがあるかどうか。

A君　僕たち営業は、いつもお客様と接しているので、フィードバックはあります。

教授　そうだね。でも有意義性を感じているか、自律性はどれくらいあるか、となるとどうだろう。興味深いのは、この三つは足し算ではなく掛け算だという点なんだ。

A君　掛け算ということは一つでもゼロなら、全体がゼロになるということですね。

教授　その通り。仕事に有意義性を感じていて、仕事も任されている。しかし、その評価がまったく聞こえてこないとなると、1×1×0でゼロになるわけだ。

A君　つまりF君のやる気を引き出すには、この三つの要素を彼に感じてもらうといいわけですね。

教授　そう。まず、いまやっている仕事の意義を十二分に伝えてあげる。これはその事業の立ち上がりの歴史から、そのときの苦労話なども含めて語ってあげるといい。次に自律性。思い切ってある程度のところまで任せてみるといいかもしれない。そして、フィードバック。たとえば、お客さんから聞いたF君の評価を伝えてあげる。または、見ていてうまくいっているところを褒める。そういうことを繰り返していくといいと思うよ。

A君　わかりました。頑張ります。

教授　ところでA君は、「楽しい」の反対は何だと思う？

A君　当然「苦しい」でしょう！

教授　フロー理論で知られているチクセントミハイ博士は、「楽しい」の反対は退屈か絶望だ、と言っているんだ。

A君　絶望……ですか。

教授　楽しいと感じるのは、自分の能力よりも少し高い課題を与えられて、それをクリアしたときで、こういう階段を上っていくときが楽しいと感じるときだ、と。

A君　それはわかります。そんなときは自分の成長を実感できますから。

教授　ところが、自分の能力からすると非常に簡単な仕事しか与えられないとき、人は退屈しか感じない。逆に、自分の能力をはるかに超えた難しい課題を与えられたときは絶望に陥るというんだ。だから、楽しいの反対は退屈か絶望というわけだね。

いまのOJT（職場内教育）は徒弟制度になっている!?

教授　ここで私が思うのは、かつての日本のOJTの良さなんだ。それは、この楽しさの階段をうまい具合に上る仕組みだったんだよ。

A君　OJTはいまでもやっていますよ。

教授　それが違うんだ。いまのOJTって、育成担当を決めてその人が仕事を通して教えていく、つまりチューター制度というのは徒弟制度的なものになっているよね。

A君　たしかに！　F君の教育係になった僕がまさにそうです。

教授　徒弟制度は人と人の関係に依存してしまうので、気が合えばいいけど、気が合わないと最悪になってしまう。やっぱり新人はその部署全体で育てていくことが大切なんだよ。

そもそものＯＪＴは、職場のみんなで簡単な仕事から難しい仕事へと、Ｆ君がだんだん経験を積んでいけるようにするものなんだ。そうすることで、Ｆ君の自分でもやれるといった感覚をつくり出す。すると、より難しい仕事に挑戦する意欲も高まっていく連鎖なんだよね。本当はそれを課全体でできるといいよね。チューター任せではなく、ＯＪＴは人材育成の組織的仕組みなんだ。つまり、人を育てるには、組織的な支えの環境づくりが大事なんだよ。

Ａ君　それはいいですね。

教授　Ａ君も新人の頃に見積もりのミスをしたことがあるんじゃないかな？

Ａ君　ありますよ。係長に叱られて、一緒にお客様に謝りに行きました。二度とこんなミスはしないと決意しましたよ。

教授　それは「演出された失敗」かもしれないよ。

Ａ君　え!?　それはどういうことですか。

教授　失敗は人を育てるというけど、大きな失敗は逆効果になることが多いよね。

そうではなく、ありがちな失敗をあえて経験させる。いったんは窮地に追い込まれた新人が自分の努力と職場の仲間のサポートで、何とかそれを乗り越えていく。実は取引先もわかっていたりしてね。そんなことを経験させながら、みんなで新人を育てていくことが大切だよ。

A君　そうですね。早速、課長に話して、やれるところから課のみんなに協力してもらおうと思います。

■解説編

高度なモチベーションへの要請

新しい事業への挑戦や極限までの効率追求は、誰にとっても未体験の課題を生み出します。そうした問題に対処する主体は、現場の最前線で働く従業員です。最前線の集団や個々人によって、予定していなかった問題に対する臨機応変な奮励努力や創意工夫によって、問題が解決されて、事業が進んでいくわけです。

そうした努力や工夫は自発的で主体的な考察や行動ですから、個々人の仕事への意欲、やる気、すなわち、モチベーションによって生み出されるのです。したがって、働くメンバーのモチベーションを高いレベルで確保・維持することは、組織にとっても、マネジャーにとっても重要な課題となります。

自己実現欲求

そもそも「人間は何を欲しているのか」というモチベーション理論の基本的な問いに関して、経営学に最も大きな影響を与える理論枠組みの「欲求段階説」を提示したのは、アブラハム・マズローという心理学者でした。

マズローの欲求5段階説によれば、人間の欲求には、腹が空いたら食べたい「生存欲求」、安全に暮らしたい「安全欲求」、友達をつくりたい「社会欲求」、仲間に認められたい「自我（承認）欲求」、そしてなりたい自分になりたい「自己実現欲求」があります。

さらに、これらは下から上に積み上がっていくような構造になっています。つまり、満腹になると安全を求め、安全が確保されれば友人が欲しくなる、といった具合です。

しかし、これら欲求の中で、最も高次とされる自己実現欲求は、低次からの段階を踏んで成り立つものではありません。むしろ他の欲求とは別次元のものなのです。命の危険にさらされても火の中に飛び込む消防士の行動は、自己実現欲求から生じるのでしょう。

４段階までの欲求が、欠乏していると欲しくなるもの、すなわち欠乏という心理的緊張を起点とするものなのに対して、自己実現欲求は短期的な動因ではなく、なりたい自分を一生かけて追い求めていくような、その人の存在意義を起点とするような欲求なのです。

ここで考えるべきことは、第一に一生追い求め続けるというような性質である自己実現欲求は、もはやモチベーションの範囲を超えたものだということです。企業の施策の中でいえば、モチベーションではなく職業人生全体のキャリアの問題だということです。

第二に、会社生活は非常に大切な部分ではあるものの、人生の中の一部分に過ぎません。自分はいかなる人になりたいのかという自己実現のテーマを、会社を超えた幅広い視点から捉えなくてはならないことは、有意義で楽しい職業人生を送る上で忘れないでいて欲しいポイントです。

このように、自己実現欲求は会社や上司からの提供によって満たされるようなものではありません。自分で自分を奮い立たせる、自発的かつ主体的なやる気の醸成をはかっていかなければなりません。

経営学におけるモチベーション理論は、経営者が社員のやる気をどう引き出すかという視点で論じられてきました。つまり他人をどう働かせるかであって、「自分のやる気」の源泉は、これまでの経営学研究の中からはみえてきません。

人間は主体性をもって意思決定する存在ですから、無理矢理に言うことを聞かせることはできません。メンバー自身の主体的に取り組むという意思や行動が大事で、これをいかに実現するかがリーダーの一つの役目になっているわけです。しかし、部下の積極的な姿勢を引き出したり、職場の士気を高めたりすることができなくて、プロジェクトの成果が上がらず、リーダー自身がやる気を無くして、「もう会社を辞めたい」と思っている場合も少なくないと思います。

自分を奮い立たせる

日本を代表する経営コンサルタントの高橋克徳氏は、自らを奮い立たせるには、自分自身のやる気の湧き出す源泉を知ることが肝心だとして、興味深い方法を提案しています（佐々木圭吾・高橋克徳（2016）『イキイキ働くための経営学』翔泳社）。

高橋氏は、「これまでの人生の中で一番やる気が高くて、充実していた時期、出来事、経験」と「これまでの人生の中で一番やる気が低くて、落ち込んでいた時期、出来事、経験」を自問自答することを勧めています。

これら二つの問いは、会社生活にとどまったものではありません。学生だった時期も含んでいますし、結婚したとか離婚したとか、個人的な生活上の事情も考慮して答えてもらうものです。というのも、職業を超えた概念である、自己実現レベルでの自分で自分を奮い立たせる自発的かつ主体的なやる気の源泉を探るには、より高くて広い視点で考えていく必要があるからです。

そうした素晴らしく充実した時期と、やる気が出ずに落ち込んでいた時期を自分なりに特定してみてください。そして、それはいつ、どのような立場のときだったのか。そのとき、どのような仕事をしていたのか。なぜ、充実していたのか。なぜ、落ち込んでいたのか。その象徴となる出来事、具体的なやり取りや場面をより具体的にそれぞれについて思い返してください。

この自分を振り返る作業の中で、次第に自分がどういうときにやる気が高まり、やる気をなくすのかがみえてくるはずです。

誰もやったことのない仕事に取り組んでいたとき、想定外の事業上の障害に直面したとき、自分がリーダーで仲間を引っ張っているとき、社会的に意義あるボランティア活動をしているとき、良い仲間に囲まれたとき、自分を信じて応援してくれる上司や教師と出会ったとき……。

そこで、どのような充実感や喜びを感じたのか、なぜそこでやる気が出たのか。

こうした自分との対話（self-reflection）の過程で、自分の中にある一番大切なこと、最優先にしたいことがわかってくるのです。そうした自分にとって一番大事なことこそが、外から与えられない自分の内側から湧き上がってくるやる気の源泉なのです。

内発的モチベーション

寂しいとか、ご褒美が欲しいとかではない、内側から湧き上がる動機を内発的モチベーションと言います。

人間は、何かエサが欲しくてエサをくれる人に喜ばれる何らかの行動をするのではなく、やっていること自体が面白かったり楽しかったりするので、いろいろな自発的活動を行うのです。

たとえば、何の報酬ももたらさないのに、多くの人が趣味やゲームに一生懸命取り組んでいます。何かもらえるからやっているのではなく、楽しいからやっているわけです。

仕事と遊びは、まったく別物だと考える人も少なくないと思いますが、そうした考え方から脱却して、仕事に自発的な楽しさを取り込むにはどうすればよいのか。そのテーマに取り組んだ研究者の一人がミハイ・チクセントミハイでした。彼の内発的動機づけ理論では、何か他の報酬を得るための手段としてではなく、知的好奇心や向上心などによって、それ自体を満たすことを目的とする自発的活動やそれを促進する要因が探究されてきました。

では、自発的活動を促す好奇心や向上心はどこから生じるのか。その源泉こそ自分の中にある一番大切なこと、最優先にしたいことなのです。これを自覚することが自分を奮い立たせることにつながるわけです。逆に言えば、やる気の著しい喪失は、自分の中にある一番大切なこと、最優先にしたいこととかけ離れているか、正反対のことの場合に生じるようです。

たとえば、ある問題が技術的に凄まじく困難であったり、理不尽なものであったりしたとき、通常は「これは私の手に負えない」と、問題への対処を上司へ引きわたしたり他部署にまわしたりして責任を回避するのでしょう。

でも、そこから逃れられない状況になると、私たちの起こす行動は、両極端に分かれてしまいます。一つは途方に暮れてやる気を失ってしまう場合です。もう一つは情熱的な取り組みによって難関突破をはかろうと、むしろチャレンジ精神というか、やる気が出てくる場合です。

このときに、なぜ自分はやる気をまったく失ってしまっているのか、あるいは妙に燃えているのかを自覚できると、感情的ではない冷静な対処ができるようになります。

要するに、自分の中にある一番大切なこと、最優先にしたいことがわかるということは、自分として譲れない確固たる信念を自覚すると同時に、譲れるもの、受け流すことのできるものもわかるということです。

信頼できる仲間をつくろう

最後に、自らを奮い立たせるためには自己分析に加えて、いかに「仲間」が大切なのかを述べていきたいと思います。

『アメリカ海兵隊』（中公新書）を書かれた野中郁次郎氏が、海兵隊出身のある有名な政治家に「海兵隊員は銃弾飛び交う中でなぜ突撃できるのか？」と尋ねたところ、「仲間への愛です」という答えが返ってきたそうです。

「海兵隊は、怪我をした仲間を決して見捨てるようなことはしない。それどころか、どんな犠牲を払ってでも仲間を助けに行くという規範が浸透している。もし自分が怖じ気づいて作戦計画通りの行動ができない場合、仲間に怪我を負わせてしまう危険性が高まる。誰かが怪我をすると、それを助けるためにさらに仲間が怪我をしてしまうかもしれない。自分にとってそれは許されることではない。だから前に出る」というのです。

信頼できる仲間の存在は、悩みやわからないことがあったら相談しあえるという直接的な効果だけでなく、いざとなったら誰かが助けてくれる（自分も助ける）と信じれば、自分が思いきった行動を取るときの勇気にもつながるわけです。

また、自分のことは自分では意外にわからないものです。自分が何に向いているのか、自分にはどんな特長があるのか、仲間の存在なしに自分ではなかなか客観的な把握はできません。

自分の長所がわかれば、営業職でも技術職でも会社に貢献できる施策が思いつきやすいのですが、それがわからないので自信がなくなり、やる気を喪失してしまうこともあるのです。しかし、仲間がいれば、長所も短所も信頼できる仲間とのコミュニケーションが教えてくれます。そうすることで、長所を活かす方策を練ることもできるので、やる気が生まれてくるのです。

問題は、いかに信頼できる仲間をつくるのかということでしょう。

「そんなこと言われても、成果主義で周りはライバルだらけ。信頼できる仲間なんていない」といった批判を受けそうです。たしかに信頼できる仲間をつくりにくい時代なのかもしれません。しかし、できることなら、ただ信頼できる仲間の出現を待つのではなく、あなたが信頼できる仲間を自らつくっていかなければなりません。

そのためには、与えられた目の前の仕事に誠意をもって一生懸命取り組むことが大切でしょう。「自分が信頼される」ことが「信頼できる」仲間をつくることになるからです。

第9章

人を育てる

一括採用は日本特有？

■対話編

来年の新卒採用で、第一次面接をするメンバーの一人に選ばれた。もちろん最終的な社長面接まで、あと何回か面接はあると思う。

だけど、一次と言っても学生の話を聞いて、自分の所感を書いたりしなければいけない。僕に人を選別するなんてできるんだろうか。それをするためには、まずは会社が必要としている人材について知らなければダメな気がする。ウチの会社ってどんな社員を採用したいと思っていて、どんな人材に育てていきたいのだろう。

自分の仕事の中味や将来の展望をフランクに話す

A君　今度、新卒採用の面接をしなければならなくなったんです。まだ入社して三年目の僕にそんなことができるのかと心配なんですよ。

教授　大丈夫だよ。いくら歳を重ねても、人物を見抜くというか、人の良しあしなんてなかなかわからないものだよ。いまのA君なりの見方で判断すればいいと思うよ。

A君　それは、そうかもしれませんが……。僕が受けもつ第一次面接では、どんな基準で学生を観ればいいか、なにかアドバイスをいただけませんか？

教授　若手が一次面接の担当になるのは、専門性や適格性を厳しい目で選別させたいからではないよね。よく言われるのは、同僚として一緒に働きたいような人物かを見て欲しいからだよね。面接にきた学生と話していて、A君が一緒に仕事をしてみたいと思うかどうかを基準にすればいいんじゃないかな。あとは、学習意欲が高そうな人物かどうかを見ることかなぁ。

A君　会社に入ってからも学び続けたいと思っているか、どうか、ということですね。

教授　そう。日本の企業は人を育てることを前提に採用しているので、その人物の学習意欲はとても大きな要素になると思う。アメリカ型の採用では、その人物がいま何ができるか、あるいは逆にいま欲しい人材はこういう能力がある人物だということで人を選ぶんだ。

A君　アメリカでは社員を育てないんですか？

教授　育てないわけではないけれども、一般的には日本企業ほど社内教育制度が整っているわけではないようだね。即実践で使える人を採用する傾向が強いと言われているからね。A君は、新卒一括採用が日本特有だということを知っている？

A君　そうなんですか？　どこの国でも、学校を卒業すれば一斉に就職するものだと思っていました。

教授　最近、新卒一括採用を止めて、通年採用に転換する動きが喧伝されているようだけど、新卒一括採用というのは、そもそもの企業にとっては非常にありがたい制度なんだよ。さっき話したアメリカ型では、企業が欲しいと考えている人材に出会うまで募集をかけながら、志望者に会い続けなければならない。そういうやり方の採用って、けっこう費用がかかるんだ。それに、この人物にしようと決めると、そこからギャラの交渉が始まるんだ。欲しい人材だから、どうしても賃金は高くなるよね。

これに比べて、日本の場合は、学生さんが一斉に応募してきてくれて、「初任給」という決められた賃金で採用することができるわけだよ。

A君　だから、日本の企業は採用した新人を育てるために、独自の教育制度をもっているんですね。

教授　そう。即戦力採用だって、採用した人が一〇〇パーセントの力を発揮してくれるかなんて実はよくわからない。ましてや、採用した人が将来どう育っていくかなんてさらにわからない。その不確定さがあるから社内の教育制度でリスクを少なくしているんだ。

A君　そういうことを前提にした上で、面接では何を話せばいいのでしょうか。

教授　自分は入社三年目だけど、いまはこういう仕事をしていて、将来はこういうことをやりたいと思っているんだというような内容を、まずは学生にフランクに話してあげればいいいんじゃないかな。

A君　そうですね。すごく気が楽になりました。

すでに定着。入社三年で三割が辞める実態

教授　いまはインターン制度を取り入れている会社が多いよね。

A君　はい。僕らの就活のときも当たり前になっていました。

教授　この制度は、自社での仕事をリアルに見せてあげることで、入社してからこの会社で働くイメージをつくってもらえるし、仕事の実際をわかった上で学生に入社するかどうか決めてもらえる利点があるわけだ。採用時の互いのマッチングの不具合をできるかぎりなくすための、いわばリスクヘッジだよね。

A君　いざ会社に入ってから、説明会で言っていたのと違うじゃないかなんてことにはなりたくないですからね。

教授　そうそう。仮に一〇〇人学生が集まってきたとして、学生側にしても、企業側にしても一〇〇人が一〇〇人、それぞれ理想の人材でしたとか、理想の職場でしたなんてことはありえない。それにしても、入社して二、三年で辞める若者がこの十数年で定着している。

A君　はい。こないだ会ったE君も転職していますし、聞くと僕のいたゼミでも、すでに三、四人くらいは会社を変わっているようです。

教授　入社三年で三割くらいの若者が辞めていくと言われているんだ。

Ａ君　そうなんですか？

教授　大卒者に関してみると、厚生労働省の調査でも、規模の小さい企業ほど新規学卒就職者の三年以内の離職率が高くなっている。大企業は二十数パーセントくらいなのに対して、従業員五〇〇人未満の中小企業では、規模が小さくなるにしたがって三割強から六割弱。それを合わせると全体で約三割ということになっているんだ。福利厚生が整っていると言われる大企業でさえ、大卒者の四人に一人は三年以内に辞めていくわけだから、新入社員の定着はどんな企業にとっても重要な課題になっているわけだ。

教育制度よりも処遇で、その会社の欲しい人材がわかる

Ａ君　会社がどんな人材を欲しいと思っているのか、やっぱり知っておいたほうがいいでしょうか。

教授　面接のスケジュールが決まったら、人事のほうから説明会があると思う。そのとき、人事から当社としてはこんな人材が欲しいので、こういう点に注意して面

接してほしい、というような説明があるはずだよ。知っておくのは、それくらいで十分だと思うよ。と言っても「チャレンジングな人材」とかいうのも非常にあいまいなものだと思うけどね。その具体的な中味を知りたいと思えば、もう人事部長と話すしかない。

A君　はい。ありがとうございます。もう一つなんですが、僕のところに就職の相談に来る後輩が何人かいるんですが、社会人の先輩として何か助言してあげたいのですが、「会社の教育制度をチェックしておくといいよ」なんていうのは、彼らにとっていいアドバイスになるでしょうか？

教授　教育制度も大切だろうけど、それに加えて処遇制度だよね。

A君　処遇ですか？

教授　そう。教育制度よりも処遇を見れば、その会社がどんな人が欲しいのか、人をどう考えているのかが、本音のところでわかると思う。それを伝えてあげたほうが良いんじゃないかな。「人を大切に育てていきます」と採用パンフレットに謳ってあっても、処遇が厳しい成果主義だったり、逆に「チャレンジングな人材を求む」と書いてあっても、処遇が年功序列的だったりしたら、パンフレットの文句が建前だとわかるよね。仕事そのものと、それへの会社の評価・処遇が人を育てる方向と大きさを決めるのだからね。

A君　そうなんですね。僕も、自分のこととして、もう一度会社の処遇の体系を見直して勉強してみます。

教授　自分がいかなるシステムの中で、どう成長しようとしているのかを確認することは、その会社で働くためにはすごく大切なことだよ。ぜひ、やってみるといいよ。

■解説編

人を育てるということ

人材育成に関心の薄い企業は、ほとんどないと思います。入社式直後どころか、ある企業では内定が出ると、通信教育の教材が送られてきたり、英語の能力試験を受けてもらうから準備・勉強しておくように、と言われたりするそうです。

入社後は、新入社員の集合研修から始まって、職能別の研修や階層別の研修など、人材育成のための社内外のプログラムが用意されています。現場においても実際の仕事を通じての訓練が行われています。

では、具体的にどのようにすれば社会人として一人前に育っていくのでしょうか。人を育てることの意味を明らかにするのは、決して容易なことではありませんが、利益の実現を目的とする企業の人材育成は、若干なりとも明確な意味をもちます。

人材とは、その人の経済的価値、あるいは経済的価値をもつ人のことです。また、人を育てるとは人材の経済的価値を大きくしていくことです。あなたの価値とは、直接的であれ間接的であれ、どれだけ企業の成長や収益に貢献できるかという資産としての経済的価値ですし、その資産をいかに増加させるのかが人を育てる、あるいは人材育成ということです。

三つの基本的なスキル

では、いかなる能力が企業の中で人材としての価値をもつのでしょうか。結論を先に言うと、消費者の気まぐれな生活様式から天災を含めた想定外の出来事まで、小さなものから大きなものまで様々な変化への対応力こそが、企業における人材の基盤となる能力です。

ハーバード大学の教授だったロバート・カッツは、優れたマネジャーに必要な技能（skill）として、テクニカル・スキル、ヒューマン・スキル、コンセプチュアル・スキルの三つを挙げています。

第一のテクニカル・スキルとは、自分の業務を行っていくための有効な知識や能力のことです。たとえば、経理部門に勤めていれば、簿記や会計に関する知識がなければ、効率的に経理の業務を遂行することはできません。

第二のヒューマン・スキルとは、部下や上司、仕事に関係する人々との間で良好な人間関係を構築し、コミュニケーションが円滑に行われるように人間関係を維持し、必要であれば対立的な関係を改善する能力のことです。周囲の人の気持ちがわかったり、相手の立場を考えた言動を取ったりできる能力です。

第三のコンセプチュアル・スキルは、概念化能力と訳されることが多いようです。概念化とは、世の中の複雑な現象の本質的な特徴や要素を抜き出してまとめることです。コンセプチュアル・スキル（概念化能力）とは、会社や自分を取り巻く大まかな状況や大きな変化の流れの本質的な特徴を理解して、仕事や仕事上の問題に対応していく能力になります。

カッツ教授は、ヒューマン・スキルがすべての職位で求められるのに対して、職位が上位になるにつれて、テクニカル・スキルの重要度が減って、コンセプチュアル・スキルが大事になってくると述べます。全社的な経営戦略など、広範囲に影響する長期的な経営方針を考案する仕事では、世の中の流れの本質的な特徴を理解して対応するコンセプチュアル・スキルが必要になってくるからです。

人は水もの

優れた人材に必要な三つの能力を紹介しましたが、人を育て、上手に活用していくことは容易なことではありません。なぜなら、「人は水もの」だからです。水ものというのは、偶然やその時々の状況によって左右されるため、予測することが難しいことを意味します。

人材に関する「人は水もの」とは、能力が高そうだと思って採用しても、実際には、その能力がどの程度発揮されるかはわからないとか、将来は素晴らしい人材になってくれると思っていたのに、期待はずれの可能性があるということです。

たとえば、今日の講義が私の（潜在的な）能力の何割ぐらい発揮されたものかは、誰にもわかりません。もっと素晴らしい講義ができたはずなのに、いい加減に済ませたかもしれませんし、実は精一杯の講義だったかもしれません。

現時点の価値や、その発揮度合いも不明確ですが、それ以上にその人の経済的価値としての資産がいつ、どのように、どれだけ大きくなるのかはもっと不確定です。目に見えず、物差しも存在しない、水ものである人材という価値をマネジメントするために、企業は複雑な人事システムという制度や手法を発達させてきました。

人事システムと三つのサブシステム

人事システムとは、人に関わる事がらを全般的に取り扱う制度や仕組みのことです。従業員を雇い、教育し、配置し、勤務させ、評価し、給与やボーナスを支払い、やがて退職してもらうまでの一連の流れをマネジメントの対象とすることが人事システムの機能になります。

人事システムは各社各様です。というのも、人事システムの特徴によって、従業員の働き方や仕事に関する考え方が左右されるので、それぞれの会社の理念や戦略に合うようにつくられるからです。

たとえば、個人ベースの厳格な成果主義のもとでは、個人が自分の能力を高めることに熱心になる一方で、同僚と協力し合うことを難しくすることが推察できます。したがって、自社の人事システムの特徴を知ることは、自分が活躍し成長していくためにとても大切なことです。

人事システムには、大きく分けて三つのサブシステムが存在します。雇用・処遇・教育システムです。それぞれ簡単に概観していきましょう。

雇用システムとは、採用の仕組みに加えて、正規社員や非正規社員、契約社員とパート社員などの雇用区分や、区分ごとの比率などを設計し運用する仕組みのことです。

次の処遇システムとは、人事的な評価と、昇給や昇進に関わる仕組みです。評価の基準は、「個人ベースか集団ベースか」、「能力・資格や複数のポイントを総合した多元的評価か、実働時間だけをみるような一元的評価か」、「勤務態度や努力などのプロセス重視型か、結果を重視する成果重視型（成果主義）か」などの切り口でみてみると、自社の特徴を理解しやすいと思います。

処遇システムの中で、昇進の方式に関しては早い選抜と遅い選抜の二つがあります。早い選抜というのは、入社当初からエリート、非エリートが分かれている制度や慣習です。遅い選抜はエリート、非エリートの公式的な表明が入社後しばらく経ってからなされる場合です。

教育システムは人材を育成する仕組みです。研修などのOff-JT（Off-the-Job Training）と、現場における仕事の体験を通じて学ぶＯＪＴ（On-the-Job Training）の二つがあります。多くの企業では、学ぶべき技術や知識の特性に合わせて両者を併用するケースが多いと思いますが、あなたの会社は、なにを重視した教育システムになっているでしょうか。

以上、三つのサブシステムを概観してきましたが、これらは、それぞれが独立して機能しているわけではなく、強く関連し合って人事システムの二つの典型的な様式を形成しているのです。

一つの様式では、従業員は必要な時に、必要な専門的能力に応じて随時採用されます。長期にわたって雇用する慣行はなく、求められた成果を決められた期間内に出せなければ解雇されます。

当然、評価基準は個人ベースの一元的な成果主義です。エリートはエリートとして採用され、彼らも成果を出せずに失敗すれば解雇されます。教育は個々人が社会において自分で受けるべきもので、企業は業務遂行上の最低限の教育しか提供しません。

もう一つの様式は、社員を定期採用し、長期にわたって雇用するパターンです。そこでは、努力や資格、そして能力の高さなどが多元的に評価されます。また、個人ベースだけでなく、チームや組織としての業績も加味されます。みんなで協力し合うことが重視されるので、エリートの表明は遅くなります。さらに、会社は人を育てる教育の場であることも強調され、社内における多種多様な教育機会が設けられています。

大まかな傾向としては、日本企業には後者の様式が多くみられるように思います。

日本的経営の「三種の神器」

後者の様式に当てはまるような日本企業の人事システムの特徴は、一九五〇年代半ばに来日したアメリカの経営学者のアベグレンによって、「日本的経営の三種の神器」としてまとめられました。

三種の神器とは、「終身雇用」「年功序列」「企業別組合」のことです。当初は日本の企業システムの後進性を示す概念であったとの指摘もありますが、その後、高度成長を支えた日本企業の発展の源泉と言われるようになりました。

人材は企業の資産の中で最も不確実な存在です。本当の価値（実力）も測定困難ですし、将来どれだけ成長（価値が増大）するかもわかりません。その都度、生産性に合わせた賃金を計算することは困難です。特に知的労働の割合が多くなればなるほど困難になります。したがって、長期雇用を慣行として経営者と従業員が約束した上で、頑張れば後でご褒美があるよ、という形で、大まかには生涯をかけてバランスを取るように設計された制度が年功序列的な賃金体系でした。

日本的経営が誕生し、それが普及した過程や理由については諸説ありますが、時期については、第二次世界大戦後であることは多く人のが認めているところだと思います。

なぜなら、終戦を迎え、財閥は解体され、エリート経営者たちがパージ（公職追放）によって経営の一線から退くことになったからでした。そのため、戦後、部長などの上級管理職にあった従業員の中から、社長が選出され企業を経営することになりました。

また、戦前のイデオロギーが見直され、戦争で若年労働者が不足していた事情とも噛み合って、労使協調の思想が啓発されていきました。そういったことから、労働者が不意の解雇にあわない終身雇用の慣行が生まれ、給与も長く勤めるほど高くなる年功序列的な賃金制度が確立したのです。

このようにみると、労働者にとって都合の良い制度のように思えますが、合理的な経営を行って企業を成長させたい、という経営者の要求にもマッチしていた制度だったのです。

たとえば、ソニー創業者の井深大氏やホンダ創業者の本田宗一郎氏などの野心的な起業家は、終戦によって荒廃した生産現場に欧米の最先端の技術や生産設備をリスク承知で導入し、オペレーションをスタートさせました。

その戦略の成否は、生産現場において新たな技術や生産設備を使いこなせるかどうかにかかっていたわけです。機械や技術の具体的な使い方は、試行錯誤を繰り返した経験からしか学べないもので、学校での教育やマニュアルなどで身につくものではありません。

また、そうした技術や機械の使い方は、生産設備が設置されている工場の状況や、そこに投入される原材料の特質に合わせて微妙に調整されなければなりません。この調整こそが、現場の長期にわたる操業経験からの学びに依っていたのです。また、従業員のそうした能力は勤める工場でこそ発揮できるものですから、設備を効率的に運営できずに会社がつぶれてしまっては、自分の能力を発揮する場も失われてしまいます。

したがって、労使双方にとって、従業員の長期にわたる勤務と、何としてでもやってやるという企業やものづくりに対するコミットメントの醸成が肝要だったわけです。こうした事情から、日本的経営は経営戦略的な意義があったのだと思います。

今日、日本的経営は時代遅れといった評価を受けて、その改革が叫ばれています。しかし、意外に人事システムとしての耐久性は高く、多くの日本企業で少なくとも長期雇用の慣行は継続されているようです。

一部の会社では、年功序列が若い人のやる気を削ぐなどの指摘から、評価の基準が成果主義の方向に改革されたこともありましたが、その後、ゆり戻す方向へ見直しがはかられたようです。日本式新卒一括採用も、欧米諸国に比べて若年労働者の失業率が低いといった効果も指摘されています。

あなたの会社は、あるいはあなたの所属する組織は、人事システム上どのような特徴をもっているのでしょうか。どのようなシステムや制度にも、それが生まれ、機能する論理（理由）があるはずです。その論理は、いつの状況でもゆるがないものですか。それとも早急な改善が求められますか。ぜひ、一度振り返ってみていただければと思います。

終章

経営学を学ぶ意味をあらためて考える

自省的実践家になろう！

■対話編

リーダーを務めたC社のプロジェクトは問題もなく成功に終わった。営業部長にも褒められて、仕事へのやる気も一段と高まった。ある日、会社の仲間に「最近、変わったよな。何かあったのか？」と聞かれた。

佐々木先生の研究室に時々訪ねて経営学の話を聞いている、と答えると、「経営学って、仕事にどう役に立つんだ？」と聞かれ、言葉に詰まってしまった。それは僕が初めにもった疑問だったからだ。結局、経営学を学んで僕は何が変わったんだっけ？　こんなことを聞いたらがっかりされそうだけど、勇気を出してあらためて先生に聞いてみた。

経営学を学ぶ意味って？

教授　経営学を学ぶ意味か……。今日はいきなり難しいことを聞くんだね。ところで、A君が意識的に経営学を学び直すようになってどれくらいになる？

A君　一年くらいでしょうか。

教授　その中で何か感じるものはあった？

A君　はい。先生が最初（第1章）におっしゃっていた、「経営学は誰もがもっている偏見という眼鏡を直す働きをしている」という話はすごく納得できました。

教授　そう。偏見や先入観を取り除いて、ものごとの真実とか、リアリティを捉える手助けをすること。それが経営学の基本的な役割だと言えるんだよ。その意味で、経営学は、いま自分がどのような状態で働いているのかを確認する手立て、〝お助けツール〟でもあるんだね。

たとえば、戦略論の基本を学んでいれば、社長がなぜいま「右に行け」と言っているのかがわかったりする。それがわかっているのと、社長が言うから仕方なく右に行っている、というのとでは仕事に向き合う姿勢が違ってくるよね。

A君　納得感が違いますね。

教授　それにかつての大量生産の時代と違って、いまは仕事の質も変わってきているよね。

イノベーションの時代になってきて、一人ひとりの発想力が求められるようになっている。そのためには主体的に生き生きと働くことが、すごく大事なんだよ。

なぜ、生き生きと働けない状態に陥ってしまうのか

教授 では、どうすれば生き生き働けるのか。人によって楽しさや充実を感じる尺度が違ったりするから、これを考えるのは、けっこう難しい。そこで、逆に生き生き働けない状態はどんな状態だろうと考えると、これはいくつか答えが出せる。

A君 ぜひ、教えてください。

教授 一つは自分のまわりが見えていない状態。そして、もう一つは自分自身が見えていない状態なんだ。

A君 それはどういう意味ですか？

教授 まわりが見えていないというのは、自分がどんな状況の中で働いているのかが見えない状態だということなんだ。企業の研修とかで組織デザインなどの講演を頼まれることがあるんだけど、会社側は「こういう状況の中で働いているんだという全体像を従業員に知ってもらいたいから、研修を企画した」と言うんだ。

A君　会社というものを丸ごと知ってほしいということですね。

教授　そう。経営学を学ぶことで、自分がどういう仕組みの中で働いているのか、またいまやっている仕事の意味や目的が明確に理解できるようになるわけだ。

だけど難しいのは、もう一つの「自分自身が見えていない」ということなんだよ。これの解決に最も役に立つのは自分のまわりにいる信頼できる仲間なんだ。

A君　仲間！　自分がどう見えてるか教えてもらうんですね。

教授　人間って、自分のことが一番わからないんだよ。自分のまわりにいる人のほうが、よっぽど自分の良さや短所、得手不得手をわかってくれているんだ。A君のまわりにも、時に優しく励ましてくれたり、ここぞというときに適切なアドバイスをくれたりする友人や上司がいるんじゃない？

A君　はい、何人かいます。

教授　そうでしょう。一見、生き生き働くというのは自分の意思をしっかりもって突き進むみたいなイメージがあるけど、これは理想論で、時に自分勝手になってしまうこともある。信頼できる仲間がいれば、その関わりの中で自分の進むべき道がわかってきたりするんだ。

A君 わかるような気がします。

教授 仕事のできる人の特徴として、よく言われるのが「自省的実践家」であることなんだ。つまり、日々起こる出来事や経験を、その場で反省的に捉えて自分自身の仕事上の理論や経験に活かしていける人、という意味だ。

A君 そうなるのは難しそうですね。

教授 経験を活かすことができるようになるには、二つの難しさがあるんだ。一つは、仕事に活かすべき経験というものが自動的に生じるわけではないこと。もう一つは、自分自身の経験に意味を与えて、次に活かせる理論や教訓にすることの難しさだ。

A君 どういうことですか。

教授 まず経験は、過去の時間の流れに始まりと終わりの区分をつけた物語なんだ。だから、一日ただ忙しく過ごしても経験は得られない。経験は自分でつくっていくものなんだ。経験をつくり出すためには、たとえば、日々、目標や仮説をもって仕事に取り組まないといけないんだろうね。

　それともう一つは、なかなか自分では経験の意義や意味を引き出しにくいってことなんだ。自分としては何気ないことが、他の人からすると、すごいことの場合もあるよね。信頼できる仲間との対話は、こうした難しさを解決する手段の一つでもあるんだよ。

学んだことを行動に移してこそ人は変われる

A君　そういう信頼できる仲間をつくるためには、どうすればいいんでしょうか？
教授　それは簡単なんだ。与えられた一つひとつの仕事を、手を抜かずに一生懸命やること。これがまわりの信頼を築く基本だよ。
A君　とてもシンプルですね。
教授　難しい仕事も、未熟な自分が試されていると捉えて真剣に取り組んでいると、上司に相談することも多くなってコミュニケーション量も増えてくる。そうした関係の中で人は変わっていくんだと思う。そのとき、経営学の知識をもっていると目の前の仕事の意味やリアリティがわかり、随分、心を軽くしてくれると思うな。

A君　そこに経営学を学ぶ意味もあるということですね。

教授　その通り。いま僕は社会人への経営学セミナーも担当しているんだけど、ある参加者が、もっと早く勉強していたら前の会社を辞めなかったのに、と言っていたんだ。前の会社では、仕事の意味がつかめなかったのかもしれないね。経営学の理論は正しい現実の把握を助けるんだ。経験を反省的に捉えて理論や知識にしていくためにも、経営学は役立つということだよ。

A君　さっき言われた自省的実践家になるためにも、必要だということですね。

教授　それはそうと、このごろA君は「変わったね」と会社で評判なんだって。

A君　えっ、どうしてご存じなんですか？　ああ、先輩が言ったんですね。

教授　それはいいとして（笑）。A君が変わったのは、やっぱりリーダーとして一つのプロジェクトを任されたからだよ。成功させるために、いろいろな人に相談したりして、人間関係も仕事も一歩踏み出したんだと思う。挑戦することは人間にとってすごく大事で、そうすることで違った世界が見えてくる。それが人間を成長させるんだよ。

A君　僕が変わったのは、経営学を学び始めたからだと思っていました（笑）。

教授　経営学を学ぶだけでは、そう簡単には変わらないよ。机の上で自分を反省して、良いところ、悪いところを並べてみてるだけでは人は変わらない。変わるには新しい行動を起こすことだよ。

A君　僕が経営学を学び始めたのも、新しい行動を起こしたことになりますよね。

教授　その通り。自省的実践家への第一歩だね。

■解説編

アリになれ、トンボになれ、人間になれ

ファイナンスや在庫管理などの具体的な手法を除けば、戦略や組織に関する経営学の一般的な理論は、日常のビジネスには直接結びつかないと言われます。

しかしながら、学生時代だけでなく、社会に出てからも、経営学の考え方の枠組

みを知ることは、これまで述べてきた通り充実した職業人生を送る上で、とても大事になります。このことを最後に説明して、本文の締めにしたいと思います。

「アリになれ、トンボになれ、人間になれ」という言葉があります。私に直接教えてくださったのは、伊藤忠商事の社長や中国大使などを歴任した丹羽宇一郎さんです。丹羽さんによると一流のビジネスパーソンになるための要諦を表した格言とのことでした。

まず「アリになれ」とは、就職したら、とにかく一生懸命に働いて仕事を覚えなさいということです。自分に与えられた仕事をきちんとこなせるようになることが職業人生の第一歩です。これができなければ、次のステップはありません。いわゆる実践力や技術力につながる基礎を磨きなさいということです。

丹羽さんは、伊藤忠商事に入社した頃、自分の担当する分野に関しては、業務運営上のスキルを磨くだけではなく、当該領域の専門書なども読んで、学者にも負けない知識を身につけたそうです。

私たちも、自分の職種に合わせて、技術やマーケティングや貿易実務など、専門的な文献の基礎から最先端のことだけではなく、自分が取り扱っている商品やターゲットとしている顧客についても、しっかり勉強しておく必要があるでしょう。

そうした勉強と実践経験を積んで、自分の仕事がきちんとこなせるようになれば、周囲からの目も変わります。信頼できる仲間もできるかもしれません。そうした状況の中で、自分で仕事を主体的に仕切れるようになることが、「アリ」になることです。

しかし、アリになることは必然的に「専門バカ」といった、その領域のことしか知らない人になる可能性も孕《はら》んでいます。原因はもっている知識の内容ではありません。ものごとの見方や考え方が狭くなるという問題です。

専門バカに近い言葉に、「訓練された無能」があります。この意味は、教育訓練をきっちり受けて、しっかりと身につけることで、決められた事への対応は効率的になるが、マニュアルや教科書に載っていないような出来事に対応する柔軟性を欠いてしまうような現象を指します。

限られた領域の研ぎ澄まされた専門知識が、逆に既成観念や先入観や偏見をつくり出して、世の中の変化についていけなくなってしまうのです。

あなたが優れたビジネスパーソンになるためには、次の段階である「トンボになれ」を実践しなくてはなりません。

「トンボになれ」とは、複眼思考をもちなさいということです。専門分野に限らず、幅広い知見から、起こった出来事を包括的・多角的に考察し、自分なりの構想を練る理論力や構想力が大事になります。

特に、リーダーあるいはマネジャーになるということは、いろいろな専門をもった人を導き、成果を出す役目を担うということです。メンバーは、今回の格言で言えば、専門を極めた実践的な技術をもったアリ段階の人たちでしょう。それぞれが自分の専門からものごとを観察して判断する目をもっていますので、メンバー間に意見の相違も生まれるかもしれません。その中で総合的な判断をするのがリーダーやマネジャーの仕事ですから、自分の専門に閉じこもっていては役割を果たすことはできません。

アリからトンボへの変身に役立つのが経営学です。経営学の理論は、偏見や先入観を廃して、企業経営における真実（リアリティ）を捉えるための眼鏡です。経営学を知ることで、企業の内外で起こる様々な経営現象を包括的・多角的に捉え、真実（リアリティ）を捉えることに経営学の理論は役立つはずです。

そして最後は、「人間になれ」です。人間とは何か。かなり厄介な問いですが、丹羽さんの経験や膨大な人文社会に関する読書の結果としては、「弱い者に優しくなる」ことこそ人間にしかできないことだそうです。実践力や技術力を身につけ、理論力や構想力を磨いた上で、弱い者に優しくなれるかこそが肝要だと言うのです。しかも、偉くなるとなかなか人間になれない、というユーモラスなこともおっしゃっていました。

リフレクティブ・プラクティショナー

「リフレクティブ・プラクティショナー（自省的実践家）」という概念があります。これは、アメリカの哲学者で組織改革の大家であったドナルド・ショーンが、様々な職種の有能な専門家、つまり「仕事のデキル人」に共通した特徴を言い表した概念です（Schön, Donald A.〔1983〕*The Reflective Practitioner*, Basic Books.）。この研究でも、先の例で言えばアリからトンボへの跳躍を意味するような内容が含まれています。

ショーンによれば、デキル人とは日々起こる様々な出来事や経験を、その場で瞬時に反省的に捉えて、自分自身の仕事上の理論や知識として行動に活かしていける人、すなわち「リフレクティブ・プラクティショナー」のことです。もちろん、ここで言う反省とは、失敗を悔いるようなネガティブなことを指しているわけではありません。自分の考え方や言動を見直して新たな仮説を立てる、というような意味です。

複雑で変化し続ける現代の産業社会では、教科書に書かれてある内容をそのまま当てはめるのではなく、実践を通じた反省をさらなる実践に活かしていくことが有効になります。

具体的には、日々の仕事やその成果を振り返り、こうすれば良くなるのではという仮説を立てる。その仮説をもって新たな仕事に取り組んでいく。このような特徴をもった実務家がリフレクティブ・プラクティショナーなのです。

アリからトンボへの成長は、変化する複雑な状況の中で経験から理論をつくり実践していく、リフレクティブ・プラクティショナーへの変身と言えるかもしれません。

何度も繰り返しますが、経営学を学ぶということは、ものごとを正しく見る眼鏡を手に入れるということです。

ぜひ、皆さんも経営理論の眼鏡を通じて正しい現実（リアリティ）を把握し、仮説をもって日々の実践に取り組み、その仮説が正しかったか、誤っていたかを常に反省的に捉えて、新しい仮説に基づいた新たな実践に取り組んでください。

たくさんのリフレクティブ・プラクティショナーが誕生することを期待して、本書を閉じたいと思います。

あとがき

私たちが働くのは、生活するお金を稼ぐためです。それと同時に、社会とつながるためです。一生懸命働くのは、物質的により豊かな生活をするためです。それと同時に、自分が社会の維持や発展により大きく貢献していることを実感するためなのです。

月並みな話ですが、人間は社会をつくって繁栄してきた社会的な存在です。社会という概念の厳密な定義は置いておいて、私たちは直接目にすることのできる職場や地域の集団レベルの社会だけでなく、国や世界といった直接会ったことのない多くの人々によって構成される、大きな社会の中で生きているのです。

現代社会における、そうした多くの人々との関係は、経済的なネットワークによって形づくられています。たくさんの給与を得ることは、たとえば、大きな家に住んで高価な車を購入することで、よりよい生活ができることを意味しています。しかし、それだけではなく、自分が人類社会により大きな貢献をしていることを実感する目安としている人も少なからずいるでしょう。

もちろん、企業にとっては事業の収益性、働く人にとっては賃金の高低が社会貢献の大小を意味するというのは一つの考え方にすぎません。私たちは物質的に豊かな生活を望むと同時に、精神的な豊かさも求めて働いているのです。精神的な豊かさは、心の平安とか、悟りとか、一概にこういうものだと規定することの困難な深淵な概念でしょう。

それを承知した上で、働く上での精神的な豊かさの中身は、仕事の充実感、自分が成長していくことへの実感、そして何よりも信頼できる仲間の存在や彼／彼女らとの連帯感ではないかと考えています。

それらの大切さを本書の中で書き連ねてきたつもりですが、どこまで、きちんとわかりやすく伝えることができたのか、いささかの不安は残ります。

とはいえ、本書の執筆は、まさに信頼できる多くの方からのご支援によって完成しました。

私が勤めていた横浜市立大学時代の学生で、いまでも定期的な読書会を開いている伊藤雅俊さん、井上隆博さん、小原瑠美子さん、鳥塚慶吾さん、森直美さん、矢田雅也さんには、社会に出て働いている方の立場からの価値あるご意見をいただきました。ありがとうございました。

最後になりましたが、平凡社新書編集部の和田康成さんには特別の謝意を表さなくてはなりません。出版そのものにご尽力くださった上に、私の拙い文章に丁寧で的を射た数多くのご指摘をいただきました。本当にありがとうございました。

２０２１年２月

佐々木圭吾

【著者】
佐々木圭吾（ささき けいご）
1963年秋田県生まれ。86年九州大学経済学部卒業後、電機メーカー勤務を経て、96年一橋大学大学院商学研究科博士課程単位取得。同年横浜市立大学勤務、2006年東京理科大学大学院総合科学技術研究科准教授、12年イノベーション研究科教授、20年椙山女学園大学現代マネジメント学部教授。博士（経営学）。おもな著書に『経営理念とイノベーション』（生産性出版）、『みんなの経営学』（日本経済新聞出版社）、『イキイキ働くための経営学』（共著、翔泳社）などがある。

平凡社新書968

働くあなたの経営学

経営理論を武器にする

発行日——2021年3月15日　初版第1刷

著者———佐々木圭吾

発行者——下中美都

発行所——株式会社平凡社
東京都千代田区神田神保町3-29　〒101-0051
電話　東京（03）3230-6580［編集］
　　　東京（03）3230-6573［営業］
振替　00180-0-29639

印刷・製本—図書印刷株式会社

装幀———菊地信義

ISBN978-4-582-85968-3
NDC分類番号335.1　新書判（17.2cm）　総ページ232
平凡社ホームページ　https://www.heibonsha.co.jp/